Logisch!

Deutsch für Jugendliche

Kursbuch B1

von
Stefanie Dengler
Sarah Fleer
Paul Rusch
Cordula Schurig

Ernst Klett Sprachen
Stuttgart

Von
Stefanie Dengler, Sarah Fleer, Paul Rusch, Cordula Schurig

Redaktion:
Annerose Bergmann in Zusammenarbeit mit Sabine Franke

Gestaltungskonzept und Layout:
Andrea Pfeifer

Umschlaggestaltung:
Andrea Pfeifer

Zeichnungen:
Anette Kannenberg und Daniela Kohl

Satz und Litho:
kaltner verlagsmedien GmbH, Bobingen

Verlag und Autoren danken Birgitta Fröhlich (Goethe-Institut Madrid), Dr. Ferrel Rose (Bowling Green High School, Kentucky) und allen Kolleginnen und Kollegen, die Logisch! erprobt, begutachtet sowie mit Kritik und wertvollen Anregungen zur Entwicklung des Lehrwerks beigetragen haben.

Logisch! B1 – Materialien

Kursbuch B1	606335
Arbeitsbuch B1 mit 2 CDs	606336
2 CDs zum Kursbuch	606338
Lehrerhandbuch B1	606337
Grammatiktrainer B1	606339
Interaktive Tafelbilder B1 (CD-ROM) auch als Download erhältlich	605120

In einigen Ländern ist es nicht erlaubt, in das Kursbuch hineinzuschreiben. Wir weisen darauf hin, dass die in den Arbeitsanweisungen formulierten Schreibaufforderungen immer auch im separaten Schulheft erledigt werden können.

Kapiteltests und weitere Materialien finden Sie im Internet unter:
www.klett-sprachen.de/logisch

1. Auflage 1 8 7 6 | 2021 20 19

Erstausgabe erschienen 2011 bei der Langenscheidt KG, München

Druck und Bindung: Elanders GmbH, Waiblingen

ISBN 978-3-12-606335-7

So geht's – Logisch!

Symbole

Hört die CD.

Schreibt ins Heft.

Sprecht mit oder sprecht nach. Übt eure Aussprache.

Zeigt, was ihr auf Deutsch könnt. Schreibt Texte, klebt Bilder dazu und nehmt Interviews auf. Sammelt diese Texte und Gespräche in eurem Portfolio.

Kursbuch und Arbeitsbuch

Zu jeder Aufgabe im Kursbuch findet ihr auch eine Übung im Arbeitsbuch. Sie haben die gleichen Nummern. Zu Aufgabe 1 im Kursbuch macht ihr Übung 1 im Arbeitsbuch. Das ist doch logisch, oder?

Es gibt vier Trainingskapitel. In jedem Training im Kursbuch findet ihr eine Übersicht über die Grammatik. Außerdem gibt es Aufgaben für eure Kreativität und Fantasie mit Informationen über Deutschland, Österreich und die Schweiz.
Im Arbeitsbuch findet ihr auch vier Trainingskapitel mit spannenden Informationen zu den D-A-CH-Ländern. In jedem Training könnt ihr eine Fertigkeit besonders trainieren: in Training A das Hören, in Training B das Lesen, in Training C das Schreiben und in Training D das Sprechen.

Logisch! B1 – Inhalt

1

Wir lernen:
über Freizeit sprechen | Vorschläge machen | Vermutungen ausdrücken
Nebensatz vor Hauptsatz | Konjunktiv II: *würde, hätte* | trennbare Verben im Nebensatz | Verben mit Präpositionen

Was ist los?

4

1 Das mache ich gern.

a Seht die Bilder an und lest die Aussagen: Was gehört zusammen? Warum?

1

2

3

Mein Tag ist voll mit Schule und Üben. Wenn man gut Geige spielen will, muss man täglich ein paar Stunden üben. Und dann gibt es noch Proben im Orchester. Meine Freunde treffe ich meistens im Internet. *(David Kramer)*

Sport ist wichtig für mich. Ich trainiere Volleyball und bin im Schwimmclub. Shoppen und dann mit den Freundinnen im Café quatschen, das mache ich auch gern, aber ein, zwei Mal im Monat ist genug. *(Nina Constantinescu)*

Kino ist gut, sogar sehr gut. Aber wenn wir wie heute einen DVD-Abend machen, unterhalten wir uns über alles. Über was genau? Das möchten die Jungs und meine Eltern auch immer gern wissen ;-)) *(Katrin Toplak)*

Ich treffe meine Kumpels auf dem Marktplatz: Tricks auf dem Skateboard und abhängen. Das brauche ich nach der Schule. Da machen die Lehrer immer nur Stress oder es ist total langweilig. *(Dirk Fischer)*

Das Foto ganz links ist von Katrin. Sie und ihre Freundinnen sehen einen Film an.

b Was macht ihr in der Freizeit? Sammelt Wörter und Ausdrücke.

Freunde: ausgehen, Spaß haben
Freizeit und Hobbys: faulenzen, shoppen
Unterhaltung: DVDs sehen, Konzerte besuchen

1.2

c Hört das Radiointerview mit den vier Jugendlichen. Was mögen sie nicht? Notiert im Heft.

David	Katrin	Nina	Dirk

2 Wenn ich Zeit habe, …

a Was macht Dirk am liebsten? Welche Möglichkeiten passen? Ordnet zu.

1. Wenn ich meine Freunde treffen will,
2. Wenn das Wochenende kommt,
3. Wenn meine Freunde ins Kino gehen,
4. Wenn ich meine Ruhe haben will,
5. Wenn ich nicht allein sein will und mit jemandem reden möchte,
6. Wenn die Ferien beginnen,

A bleibe ich in meinem Zimmer und höre Musik.
B dann gehe ich nicht mit. Das mag ich nicht.
C dann fahre ich zum Skaterplatz.
D faulenze ich zuerst ein paar Tage.
E freue ich mich, dass ich zwei Mal lange schlafen kann.
F dann rufe ich einen Kumpel an.

1 – C, 2 –

b Was macht ihr? Schreibt die wenn-Sätze aus 2a zu Ende.

1. Wenn ich meine Freunde treffen will, dann schreibe ich eine SMS an alle.
2. Wenn das …

Nebensatz vor Hauptsatz

	Ich schlafe lange.
Wenn die Ferien beginnen, dann	schlafe **ich** lange.
	Ich fahre Skateboard.
Wenn die Schule aus ist,	fahre **ich** Skateboard.

3 Wenn …, dann …

Arbeitet in Gruppen. Jeder schreibt zwei wenn-Sätze auf Kärtchen. Sammelt die Kärtchen und mischt sie. Der Erste zieht ein Kärtchen. Alle ergänzen den Satz. Welche Antwort gefällt euch am besten? Der Schüler mit der besten Antwort zieht das nächste Kärtchen.

1

4 Welcher Freizeittyp bist du?

a Welches Tier passt zu euch? Wählt aus und begründet.

Ich mag es bequem.

Ich bin dabei.

Ich bin immer aktiv.

b Lest den Test. Welche Antworten passen zu euch? Notiert die Antworten im Heft. Zählt eure Punkte zusammen.

1. Wie oft siehst du in deiner Freizeit deine Freunde?

A Jeden Tag.
B 3–4 Mal pro Woche.
C 1–2 Mal pro Woche.

2. Was magst du am liebsten?

A Zu Hause sein und faulenzen.
B Mit Freunden unterwegs sein.
C Mein Hobby.

3. Freunde rufen dich an. Sie wollen dich in einer halben Stunde treffen. Was sagst du?

A Super, ich ziehe mich nur schnell um!
B Ach schade, ich gehe schon bald schlafen!
C Heute geht es leider nicht, aber kommt doch morgen bei mir vorbei!

4. Deine Cousine besucht dich. Sie möchte die Stadt kennenlernen. Was empfiehlst du ihr?

A Keine Ahnung, ich bin am liebsten zu Hause.
B Ich frage meine Eltern und gehe dann mit meiner Cousine zusammen.
C Ich plane gleich eine Stadttour. So kann sie vieles sehen.

5. Wenn du deinen Traumurlaub machst, …

A fährst du in eine neue Stadt und siehst viel an.
B bist du mit deinen Freunden zusammen und es ist immer Party.
C fährst du am liebsten mit deiner Familie an einen Strand.

6. Wenn deine Freunde etwas unternehmen und dich fragen, …

A machst du fast immer mit.
B kommst du nur selten mit.
C hast du selbst immer noch andere, bessere Ideen.

Frage 1		Frage 2		Frage 3		Frage 4		Frage 5		Frage 6	
A	15 Punkte	A	5 Punkte	A	15 Punkte	A	5 Punkte	A	10 Punkte	A	10 Punkte
B	10 Punkte	B	15 Punkte	B	5 Punkte	B	10 Punkte	B	15 Punkte	B	5 Punkte
C	5 Punkte	C	10 Punkte	C	10 Punkte	C	15 Punkte	C	5 Punkte	C	15 Punkte

1.3

c Macht drei Gruppen. Hört die Beschreibungen. Jede Gruppe notiert einen Typ und seine Eigenschaften.

Typ Katze: bequem, …

d Wie findet ihr euer Ergebnis? Diskutiert in der Klasse.

Das Ergebnis passt (genau/nicht) zu mir. • Die Beschreibung trifft (überhaupt nicht) auf mich zu. • Der Test stimmt für mich (nicht).

Ich glaube, mein Ergebnis passt ziemlich genau zu mir.

Ich habe 60 Punkte. Aber …

5 Was machen wir?

a Welches Angebot passt? Lest die Situationen und sucht ein passendes Angebot. Schreibt X, wenn es kein Angebot gibt.

1. Du möchtest mit deinen Freunden tanzen gehen, weil du deinen 13. Geburtstag feierst.
2. Deine Freundin interessiert sich dafür, was ein Radio-DJ können muss.
3. Du würdest gern mit Freunden klettern. Deine Eltern geben dir 15 Euro und bringen dich hin.
4. Die CD hat dir gut gefallen. Jetzt möchtest du die Musikerin live sehen und hören.
5. Du würdest am liebsten mit Freunden shoppen und dann ins Kino gehen.
6. Du möchtest mal Klettern ausprobieren. Du hast keine eigenen Klettersachen.
7. Du machst gern Musik. Du würdest gern in einer Band mitspielen.
8. Du möchtest einmal Schauspieler werden und suchst ein Angebot zum Schnuppern.

1 – X; 2 –

A

FREIes RADio Hausen

Möchtest du RadiomacherIn auf FreiRad 105.9 werden? Oder interessierst du dich einfach nur für Radio?

12-stündiger Kurs, Beginn: Sa. 8.5., weitere Termine 25.5. und 29.5., jeweils 9.00–13.00 Uhr.
Voraussetzung: Du bist 14 Jahre alt und deine Eltern sind einverstanden.
Formular zum Download unter **www.freiesradio.de**

B

Eventhaus: Yippi Yeah Clubbing

**Yippi Yeah Clubbing: Jeden Samstag ab 19:00 Uhr im EVENTHAUS.
Auf dem Clubfloor beste House- und R'n'B-Musik, tanzen, tanzen, tanzen.
Mindestalter 14 Jahre. Ausweiskontrolle.
Tickets im Vorverkauf 9,- €.**

C

Anna F. auf Tournee

Das erste Album von **Anna F.** ist da! Im Mai geht der neue Star auf Tournee – und kommt auch nach Regensburg.

Termin: Sa., 22. Mai
im Weekend Club,
Tickets mit Schülerausweis für 22 €
bei www.konzertannaF.de

D

Klettergarten im alten Steinbruch

Adrenalin pur!
Klettern von 0,5 bis 14 m Höhe,
über 100 verschiedene Routen.
Für Personen ab 120 cm.
Attraktive Preise ab 7,- €.
Mindestalter 12 Jahre, Ausweis mitbringen. Ein Elternteil muss unterschreiben, wenn du noch nicht 18 Jahre alt bist.

E

Festival der Jugendbands

Verschiedenste Musik von jungen Bands, Open Air am Grillplatz in Lerchenau.
19 Bands und ein Ziel: Spaß und Stimmung.
Achtung, einige Bands suchen neue Musiker.
Sa. 15. Mai bei gutem Wetter.
Ersatztermin 29. Mai.

Nähere Informationen:
www.lerchenauopen.com
Informationen: info@lerchenauopen.com

F

Alpinschule Hoheneck

Klettern lernen am Berg
Kurse für Anfänger. Nur sportliche Kleidung erforderlich, die Ausrüstung für dich haben wir. Kinder unter 12 Jahren nur in Begleitung von einem Elternteil.
Beginn: Freitag 16. Mai, 14.00–17.00 Uhr
35 € pro Nachmittag
www.hoheneckalpin.de

b Hört das Gespräch. Was finden die Jungen gut? Was machen sie?

1.4

- Was ist denn am Wochenende los?
- Ich hätte Lust auf ein Konzert. Es gibt so ein Festival mit Bands.
- Meinst du das am Grillplatz? Ich weiß nicht, ich würde lieber klettern.
- Ich war schon mal im Klettergarten. Es ist nicht so toll dort. Da würde ich nicht so gern hingehen.
- Hättest du Lust auf Klettern am Berg? Ich würde das gern ausprobieren. Morgen Nachmittag vielleicht.
- Oh ja, das würde ich total gern mal machen. Vielleicht kann mein Vater uns hinbringen. Ich frage ihn mal …

c Spielt ein Gespräch wie in 5b mit einem Partner. Das Programm aus 5a hilft.

Ich hätte Lust auf … • Hättest du auch Lust auf …? • Ich hätte am … Zeit. Du auch? • Ich würde gern … gehen. • Würdest du gern … mitkommen? • Würde dir … Spaß machen?

Vorschläge machen mit Konjunktiv II

Ich würde gern in die Kletterhalle gehen.
Würdest du gern mitkommen?
Hättest du auch Lust?

Ich würde gern auf das Festival gehen.

Wirklich? Ich …

6 Ich weiß nicht …

▶LHB

Spielt zu dritt. Der erste Spieler würfelt und macht einen Vorschlag. Der zweite Spieler ist dagegen und sagt warum. Der dritte Spieler widerspricht dem zweiten. Dann würfelt der nächste Spieler, macht einen Vorschlag usw.

⚀ = Hättet ihr Lust auf …?
⚁ = Ich hätte …
⚂ = Ich würde gern …
⚃ = Wir könnten …
⚄ = Möchtet ihr …?
⚅ = Ich schlage vor, dass …

7 Nachricht aus Japan

a Lest den Forumstext und beantwortet die Fragen.

Tashigi x Tsuno

Hallo!
Ich heiße Keiko und wohne in Osaka in Japan. Ich bin 14 Jahre alt. Weil mein Vater für ein Jahr in Deutschland arbeitet, komme ich in vier Wochen in eure Klasse. Ich bin neugierig, wie die Schule bei euch ist. Ich möchte viel sehen, wenn ich in Deutschland bin. Ich hoffe, dass ich neue Freunde kennenlerne. Und ich bringe ein paar kleine Sachen aus Japan mit. Überraschung ;-)
Bis bald,
Keiko

1. Woher kommt Keiko?
2. Warum kommt sie in die Klasse?
3. Wie lange bleibt sie in Deutschland?
4. Wann kommt Keiko in die Klasse?
5. Was möchte sie in Deutschland machen?
6. Was bringt sie mit?

b Was glaubt ihr: Warum spricht Keiko so gut Deutsch? Wo und wie hat sie Deutsch gelernt?

Ich glaube, dass Keiko schon einmal in Deutschland gelebt hat.

Vielleicht …

c Wie ist die neue Mitschülerin? Was möchtet ihr wissen? Schreibt drei Sätze.

Wie sieht Keiko aus? • Was für Klamotten zieht sie an? • Welche Hobbys hat sie? • Was isst sie am liebsten? • Was sieht sie sich in Deutschland an? • Wann kommt sie an? • Was bringt sie aus Japan mit? • Wann geht sie wieder zurück?

Ich möchte wissen, …
Mich interessiert, …
Ich bin neugierig, …

Ich möchte wissen, was für Klamotten sie anzieht.

Trennbare Verben im Nebensatz

	Wie sieht Keiko aus?
Ich möchte wissen,	wie Keiko aus|sieht.
	Was bringt Keiko mit?
Mich interessiert,	was Keiko mit|bringt.

8 Satzmelodie

1.5 **a Hört die Sätze. Wie ist die Satzmelodie? Steigend, fallend oder gleich bleibend? Zeigt die Melodie.**

1.6 **b Lest die Sätze zuerst leise, dann laut. Wie ist die Melodie? Hört zur Kontrolle.**

- Kommst du mit
  - Ja, gern Das ist eine tolle Idee
  - Moment wenn ich Zeit habe dann komme ich mit
  - Ich weiß es noch nicht Das muss ich mir noch überlegen
- Weißt du wann der Bus fährt
  - Um 10 nach sieben
  - Wenn die Schule aus ist

9 Post für Keiko

a Lest die Nachrichten für Keiko. Welches Verb passt in die Sätze? Schreibt die Sätze.

Naddi2408

Hallo Keiko!
Ich finde schön, dass du in unsere Klasse kommst. Und ich hätte eine Bitte: Ich interessiere mich sehr für Mode in Japan. Was ist gerade „in" bei euch? Könntest du mir ein paar kleine Kataloge oder Prospekte mitbringen? Ich würde mich soooo freuen! Wenn nicht, dann ist es auch kein Problem.
Bis bald!
Nadja

unbekannt

Liebe Keiko,
wir freuen uns auf dich. Die ganze Klasse wartet schon gespannt. Wenn du da bist, kannst du uns viel vom Leben in Japan erzählen. Bring bitte Musik aus Japan mit. Meine Schüler diskutieren so gern über Musik, besonders die Jungen. Sie reden immer über ihre Lieblingsbands.
Gute Reise!

Helga Müller, Klassenlehrerin

1. Wir	diskutieren so gern	auf dich.
2. Die ganze Klasse	erzählt viel	auf Keiko.
3. Keiko	freuen uns	vom Leben in Japan.
4. Nadja	wartet schon	für Mode.
5. Die Schüler	reden immer	über Musik.
6. Die Jungen	interessiert sich	über ihre Lieblingsbands.

1. Wir freuen uns auf dich.

b Was trifft auf euch zu? Schreibt mit jedem Ausdruck einen Satz.

sich freuen auf (+ Akk.) • warten auf (+ Akk.) • reden über (+ Akk.) • sich interessieren für (+ Akk.) • erzählen von (+ Dat.) • träumen von (+ Dat.)

Verben mit Präpositionen
sich freuen auf + Akkusativ:
Ich freue mich auf mein**en** Geburtstag.

erzählen von + Dativ:
Ich erzähle von mein**em** Wochenende.

Ich freue mich auf das Wochenende.

10 Eine Gruppengeschichte

Schreibt gemeinsam eine Geschichte.

Arbeitet in Gruppen von 5–6 Schülern. Jeder schreibt einen Satz mit einem Verb aus 9b auf ein Blatt. Dann gebt ihr euer Blatt dem Nächsten. Jeder schreibt die Geschichte weiter. Wenn ihr den 2. Satz geschrieben habt, faltet den 1. Satz nach hinten und gebt das Blatt dem Nächsten usw. Wenn alle einen Satz auf jedes Blatt geschrieben haben, lest ihr die Texte vor.

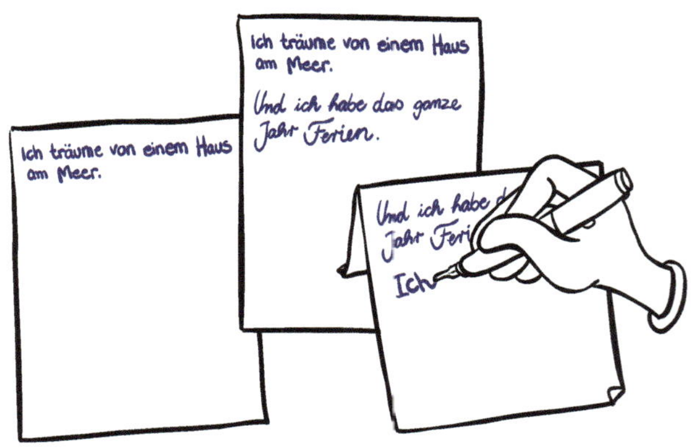

Kannst du das schon?

über Freizeit sprechen

- Freunde: Freunde treffen | ausgehen | Spaß haben | abhängen | quatschen | chatten | …
- Freizeit und Hobbys: faulenzen | shoppen | ein Instrument spielen | Sport machen | …
- Unterhaltung: Filme/DVDs ansehen | Computerspiele spielen | fernsehen | in ein Konzert gehen | im Internet surfen | …

Vorschläge machen mit Konjunktiv II

● Ich würde gern klettern. Hättest du auch Lust?
○ Ich weiß nicht, ich würde lieber faulenzen.

▶ Ich möchte tanzen. Möchtest du auch mitkommen?
▷ Ich bin sehr müde. Ich würde lieber eine DVD ansehen.

■ Es gibt ein Konzert von Anna F. Ich hätte Zeit, du auch?
□ Nein, ich mag die Musik nicht. Ich würde lieber fernsehen.

Vermutungen ausdrücken

- Ich glaube, dass Keiko in Deutschland gelebt hat. Vielleicht hat sie mit ihrer Mutter nur Deutsch gesprochen.
- Ich denke, dass ihr Vater in Deutschland arbeitet. Vielleicht möchten die Eltern in Deutschland leben.
- Vielleicht bringt Keiko japanische Souvenirs mit. Ich glaube, dass sie typisches Essen mitbringt.

Nebensatz vor Hauptsatz

- Wenn ich müde bin, dann lege ich mich vor den Fernseher.
- Wenn ich Ferien habe, schlafe ich lange und faulenze.
- Wenn ich krank bin, dann bin ich am liebsten allein.

Verben mit Präpositionen

- Ich freue mich auf meinen Geburtstag.
- Mein Freund hat mir von seinen Ferien erzählt.
- Ich habe so lange auf dich gewartet. Wo warst du?
- Ich habe von Ferien am Meer geträumt.

trennbare Verben im Nebensatz

- Weißt du, wann Keiko ankommt?
- Ich möchte wissen, was Keiko mitbringt.
- Ich bin neugierig, wie Keiko aussieht.
- Mich interessiert, was Keiko anzieht.

- Überraschung!
- Ich bin dabei.
- Gute Reise!

Noch einmal, bitte

über Freizeit sprechen

Was kann man in der Freizeit machen?
Notiert je drei Aktivitäten: Freunde, Freizeit und Hobbys, Unterhaltung

Vorschläge machen

Macht drei Vorschläge für die Freizeit:

- *klettern*
- *tanzen*
- *ins Konzert gehen*

Vermutungen ausdrücken

Was glaubt ihr?
Warum spricht Keiko gut Deutsch?
Warum kommt sie nach Deutschland?
Was bringt Keiko mit?

Nebensatz vor Hauptsatz

Macht drei Sätze mit *wenn*:

müde sein, Ferien haben, krank sein

Verben mit Präpositionen

Schreibt Sätze:

sich freuen auf, erzählen von, warten auf, träumen von

trennbare Verben im Nebensatz

Macht diese Fragen indirekt:

Wann kommt Keiko an?
Was bringt Keiko mit?
Wie sieht Keiko aus?
Was zieht Keiko an?

2

Wir lernen:
über neue Mitschüler sprechen | Vorschläge machen: *Er sollte …* | einen Blog lesen
Relativsätze im Nominativ und Akkusativ | Konjunktiv II: *sollte* und *wäre* | irreale wenn-Sätze

Ich bin neu hier.

1 Pausengespräche

a Beschreibt das Bild. Über was sprechen die Personen?

1.7 **b Hört die Gespräche. Welche Vorstellungen haben die Mädchen von der Gastschülerin, welche Vorstellungen haben die Jungen?**

klassische Musik hören • Popmusik hören • mit Schuluniform zur Schule kommen • total moderne Kleidung tragen • geschmacklose Kleidung tragen • klein und langweilig • schlank und hübsch • nett und süß aussehen • eine Mode-Tussi • Karaoke singen

Die Mädchen glauben, dass die Japanerin total moderne …

Die Jungen denken, die Japanerin hört …

Ein Mädchen denkt, …

c Verbindet die Satzteile. Das Bild in 1a hilft. Hört noch einmal zur Kontrolle.

1. Kolja ist der Junge,

2. Anna ist das Mädchen,

3. Keiko ist die Japanerin,

4. Das ist der Schüler,

A der lieber einen Gastschüler aus Amerika hätte.
B der Gastschüler langweilig findet.
C das gerne J-Pop hört.
D die ins Forum geschrieben hat.

2 Austauschschüler

a Wer sagt was? Ordnet die Sprechblasen den Fotos zu.

1. Wir gehen bald für ein Jahr ins Ausland. Heute haben wir einen Infotag.

2. Meine Gastfamilie mag ich sehr. Ich spreche auch schon ganz gut Deutsch.

3. Ich komme aus Australien und surfe gern.

4. Ich möchte gern einen Austausch machen. Die USA finde ich toll.

b Ergänzt die Sätze mit den Informationen aus den Sprechblasen.

A Hier spricht die Austauschschülerin, die ihre Gastfamilie sehr mag.
B Hier spricht das Mädchen, ...
C Hier spricht der Austauschschüler, ...
D Hier sprechen die Schüler, ...

Relativsätze im Nominativ

der Schüler	Das ist der Schüler, **der** aus Australien kommt.
das Mädchen	Das ist ein Mädchen, **das** gerne J-Pop hört.
die Japanerin	Das ist die Japanerin, **die** ins Forum geschrieben hat.
die Schüler	Das sind **die** Schüler, **die** ins Ausland gehen wollen.

3 Unsere Klasse, unsere Lehrer, unsere Fächer

LHB **a Arbeitet zu zweit. Macht sechs Karten. Schreibt auf jede Karte einen Satz mit Relativsatz. Schneidet dann Hauptsatz und Relativsatz auseinander und schneidet das Relativpronomen ab.**

Physik ist das Fach, | das | am langweiligsten ist.

… ist das Fach, …
… ist der Schüler / die Schülerin, …
… ist der Lehrer / die Lehrerin, …
… sind die Lehrer/Lehrerinnen …

am langweiligsten/interessantesten/… sein
am besten malen/laufen/singen/… können
sehr nett/lustig/laut/beliebt/… sein
noch nicht so lange in unserer Klasse sein
am coolsten/beliebtesten/witzigsten/… sein

b Mischt eure Karten und tauscht sie mit einem anderen Paar. Verbindet die Sätze und ergänzt die Relativpronomen. Kontrolliert euch gegenseitig.

4 Manuel ist in Spanien.

a **Lest Manuels Blog. Wie gefällt es ihm in Spanien? Wie findet er seine Gastfamilie?**

www.manuelsblog.de

Mein Spanienblog

1. September, 23:30 Uhr

Nach drei Tagen in Barcelona bin ich endlich bei meiner Gastfamilie in Cádiz. Bei meiner Ankunft am Flughafen haben alle gleichzeitig geredet und gefragt. Hilfe! Ich hab' echt gar nichts verstanden! Sie sprechen ganz anders als unser Lehrer in Deutschland.
Alejandro ist mein Gastbruder, den ich ganz cool finde. Er ist 14 und surft gern, genau wie ich. Zur Familie gehören noch Elsa, meine Gastmutter, Ramón, mein Gastvater, und Alejandros Oma Conchita, die ich überhaupt nicht verstehe. Sie spricht so schnell und undeutlich. Macht aber nichts. Sie ist superlieb.
Morgen beginnt die Schule! Wie das wohl wird?

9. September, 21:30 Uhr

Endlich Wochenende und so eine Hitze (38 °C)!!! Das könnt ihr euch nicht vorstellen. Habe ausgeschlafen und zum ersten Mal Siesta gemacht! Später war ich mit Alejandros Cousin Darío und seiner Cousine Carmen am Strand surfen. Das war wie Ferien! Einfach nur cool. Alle hier sind total braun, nur ich bin noch ziemlich weiß. Aber einige Mädchen finden das exotisch! Vielleicht sollte ich so blass und bleich bleiben. *grins*
Morgen gehe ich jedenfalls zum Frühstück mit ein paar Leuten aus meiner Klasse in die Innenstadt Churros essen. Das ist ein Gebäck, das ihr unbedingt mal probieren müsst. Es ist süß, fettig und richtig lecker!

2. Oktober, 17:45 Uhr

Jetzt bin ich schon einen Monat hier. Die Zeit vergeht echt schnell. Ich habe schon viele neue Freunde und es ist total genial hier in Cádiz. Meine Gasteltern sind wirklich super. Aber ein paar Sachen fehlen mir schon ein bisschen. Ja, ihr natürlich und das leckere Essen zu Hause. Ach, und die kleinen Streitereien mit meiner Halbschwester Hannah, die ich trotzdem ein bisschen vermisse. Alejandro versteht das nicht – ein Einzelkind eben. Außerdem ist er manchmal voll eifersüchtig. Wenn Ramón und ich uns gut unterhalten, redet er den ganzen Tag nicht mehr mit mir. So ein Blödmann!

b **Lest die Kommentare von Manuels Freunden. Welche Stelle im Blog haben sie kommentiert? Notiert die passenden Zeilen.**

KOMMENTARE

1. Du solltest dich immer gut mit Sonnenmilch eincremen.
2. Das ist doch normal. Und bald sprichst du besser Spanisch als dein Lehrer in Deutschland. *lol*
3. Ja, ja, bei Mama schmeckt es eben am besten! ☺
4. Das habe ich auch schon mal in den Ferien gegessen. Lecker!!!
5. Alejandro sollte sich freuen, dass er so einen coolen Gastbruder hat. Der spinnt ja.

1. 9. September, Zeile 4–6

c Verbindet die Sätze. Ergänzt das Relativpronomen und schreibt die Sätze ins Heft.

1. Conchita ist die Frau,
2. Alejandro ist der Sohn von Elsa und Ramón,
3. Darío und Carmen sind Geschwister,
4. Die Mutter und Hannah sind Personen,
5. Churros ist ein Gebäck,

A … Manuel lange nicht treffen kann.
B … Manuel am Anfang nicht gut versteht.
C … Manuel richtig gerne isst.
D … Manuel am Strand kennengelernt hat.
E … Manuel sehr sympathisch findet.

1B Conchita ist die Frau, die Manuel am Anfang nicht gut versteht.

Relativsätze im Akkusativ

der Gastbruder	Alejandro ist mein Gastbruder, **den** ich gut (verstehe).
das Gebäck	Churros ist ein Gebäck, **das** ich gern (probiere).
die Oma	Das ist die Oma, **die** ich sehr (mag).
die Geschwister	Das sind **meine** Geschwister, **die** ich (vermisse).

5 Einen Blog, den ich gern lese

Schreibt Antworten mit einem Relativsatz zu den Fragen.

1. Was willst du schreiben?
2. Wen willst du am Wochenende besuchen?
3. Wen willst du zur Party einladen?
4. Wen willst du morgen anrufen?
5. Was willst du essen?

Vater • Tante • Halbbruder • Freundin(nen) • Freund(e) • Cousin(s) • Blog • Brief • E-Mail • SMS • Gebäck • Pizza • Kuchen	Oma/Opa/Freund schicken • schon lange kennen • Geburtstag haben • lange nicht getroffen haben • in den Ferien kennengelernt haben • in meine Klasse gehen • in der Cafeteria kaufen • sehr gut schmecken • gern lesen

1. Einen Brief, den ich Oma schicke.

6 Manuel braucht Rat.

a Welche Probleme hat Manuel in Spanien? Sammelt an der Tafel.

Manuel vermisst das Essen von …

b Was sollte man tun? Macht Vorschläge.

Er sollte in ein deutsches Restaurant gehen.
Ich finde, seine … sollten …
Die Gastfamilie sollte …

Vorschläge machen mit sollte

er/es/sie	sollte
sie	sollten

c Kennt ihr ähnliche Situationen, zum Beispiel aus dem Urlaub oder von einem Schüleraustausch? Erzählt in der Klasse.

Ich war mal mit meinen Eltern in … Das Essen war total …

7 Das ist Keiko.

a Seht euch die Bilder an und beschreibt die Situationen. Der Kasten hilft.

begeistert sein • die Schule / die Cafeteria zeigen • in die Klasse kommen • bezahlen • einen Platz anbieten • Pause haben • vorstellen • die Geldkarte anbieten • einen Platz suchen • mit … sprechen • an der Kasse stehen • frei sein • fragen • sich freuen

Keiko kommt in die Klasse.

Frau Müller …

1.8

b Hört die Dialoge. Was ist richtig und was ist falsch? Notiert im Heft.

1. Die Schüler sollen Keiko in der Pause die Schule zeigen.
2. Es sind noch ein paar Plätze frei, deshalb kann Keiko ihren Platz wählen.
3. Keiko bekommt den Platz neben Nadja.
4. Die Pause dauert eine halbe Stunde.
5. Pia und Nadja wollen Keiko in der Pause die Schule zeigen.
6. Anton will, dass Keiko in der Cafeteria ein Brötchen kauft.
7. Keiko will in der Cafeteria etwas kaufen, aber sie hat nicht genug Geld dabei.
8. Man braucht eine Geldkarte, wenn man in der Cafeteria etwas kaufen will.

1. r – 2.

c Korrigiert zu zweit die falschen Sätze im Heft. Hört noch einmal zur Kontrolle.

8 Wenn ich Keiko heißen würde, …

1.9

a Hört den Dialog und seht das Bild an. Was denken Pia und Nadja?

Pia und Nadja sind sauer. Sie denken, …

b Was passt zusammen? Hört noch einmal zur Kontrolle.

1. Wenn ich Keiko heißen würde, …
2. Wenn ich neu in der Klasse wäre, …
3. Wenn ich eine Frage hätte, …
4. Wenn ich keinen kennen würde, …

A … würde ich zu Frau Müller gehen oder die anderen Mädchen fragen.

B … dann würde ich mir zuerst eine Freundin suchen.

C … würde ich meinen Namen ändern.

D … würde ich nicht so ausgeflippte Kleidung anziehen.

c Lest die Satzanfänge. Was wäre dann? Überlegt zu zweit und ergänzt die Sätze im Heft.

1. Wenn ich Nadja wäre, …
2. Wenn Robbie Keiko zum Eis einladen würde, …
3. Wenn Robbie sich bei Nadja entschuldigen würde, …
4. Wenn du eine Freundin wie Nadja hättest, …
5. Wenn wir in Keikos Klasse wären, …
6. Wenn die Klasse nicht nett zu Keiko wäre, …

Konjunktiv II von sein	
ich	wär**e**
du	wär**st**
er/es/sie	wär**e**
wir	wär**en**
ihr	wär**t**
sie/Sie	wär**en**

Wenn ich Nadja wäre, dann wäre ich total sauer auf Robbie.

9 Die/Der Neue

Was würdet ihr machen, wenn eine neue Schülerin oder ein neuer Schüler in eure Klasse kommen würde? Was muss die/der Neue wissen? Was würdet ihr ihr/ihm zeigen? Sammelt und sprecht in der Gruppe.

- die Stadt zeigen
- alles über die Lehrer erzählen
- zum Schulkonzert gehen
- …

Wenn wir eine neue Mitschülerin hätten, würden wir ihr die Stadt zeigen.

Wenn ein neuer Mitschüler in unsere Klasse kommen würde, würden wir ihm alles über unsere Lehrer erzählen.

10 Umlaute ä, ö, ü

1.10

a Macht zwei Karten. Schreibt auf die eine A und auf die andere B. Hört dann die Wörter und zeigt die richtige Karte.

1. A hatte B hätte
2. A waren B wären
3. A jung B jünger
4. A konntest B könntest
5. A schon B schön
6. A Schule B Schüler
7. A Garten B Gärten
8. A Bruder B Brüder
9. A Apfel B Äpfel

1.11

b Hört die Sätze und sprecht nach.

1. Wenn ich fünf Jahre älter wäre, würde ich in viele schöne Länder reisen.
2. Wenn ich kein Schüler wäre, hätte ich keine blöden Fächer mehr.

11 Die beliebtesten Austauschländer

a Wo würdet ihr gern ein Austauschjahr verbringen? Macht eine Hitliste mit den beliebtesten Ländern in der Klasse.

Japan III *Peru IIII*

b Wie beliebt sind diese Länder bei deutschen Austauschschülern? Was denkt ihr? Ordnet die Länder zu.

	Austauschschüler pro Jahr	Land
Platz 1	8754	
Platz 2	1870	
Platz 3	1183	
Platz 4	1021	
Platz 5	508	
Platz 6	354	
Platz 7	340	
Platz 8	254	
Platz 9	193	
Platz 10	180	

USA • Spanien • Großbritannien • Neuseeland • Irland • Australien • Brasilien • Kanada • Argentinien • Frankreich

Platz 1: USA

1. USA; 2. Kanada; 3. Neuseeland; 4. Australien; 5. Großbritannien; 6. Frankreich; 7. Irland; 8. Argentinien; 9. Brasilien; 10. Spanien

12 Austauschjahr in meinem Traumland

Stellt euch vor, ihr würdet ein Jahr als Austauschschüler in ein anderes Land gehen und eine neue Schule besuchen. Außerdem würdet ihr in einer Gastfamilie leben. Schreibt einen Text. Die Fragen helfen.

– In welches Land würdest du gehen?
– Was gefällt dir an dem Land?
– Was würdest du dort gerne anschauen?
– Was würdest du gerne essen oder probieren?
– Welche Stars kennst du aus dem Land?
– Wen würdest du gerne treffen?
– Wie/Wo würdest du gerne wohnen?
– Welchen Sport würdest du dort gerne machen?

Argentinien ist mein Traumland. Wenn ich Austauschschüler wäre, würde ich ein Jahr nach Argentinien gehen. Ich würde …

Kannst du das schon?

über neue Mitschüler sprechen
- Wenn wir einen neuen Mitschüler / eine neue Mitschülerin hätten, würden wir ihm/ihr alles über die Lehrer erzählen.
- Wir können ihm/ihr die Stadt / die Schule / die Cafeteria zeigen.
- Wir können ihn/sie zu einer Party einladen.
- Er/Sie ist bestimmt nett / modisch angezogen / langweilig …

Relativsätze im Nominativ
- Das ist der Schüler, der nie Geld hat.
- Das ist die Lehrerin, die neu in der Schule ist.
- Das ist das Gebäck, das sehr lecker ist.
- Das sind die Schülerinnen, die sehr nett sind.

Relativsätze im Akkusativ
- Das ist der Schüler, den alle Mädchen toll finden.
- Das ist meine Schwester, die ich nur selten sehe.
- Das ist das Fach, das ich gar nicht mag.
- Hier sind viele Spanier, die ich nur schwer verstehe.

Vorschläge machen mit sollte
- Er sollte ein Wörterbuch mitnehmen.
- Er sollte Geschenke mitbringen.
- Seine Eltern sollten ihm genug Taschengeld geben.
- Er sollte einen Blog schreiben.
- Er sollte eine gute Kamera kaufen.

irreale wenn-Sätze
- Wenn ich neu in einer Stadt wäre, …
  … würde ich in einen Sportverein gehen.
  … würde ich meine alten Freunde vermissen.
- Wenn ich neu in einem Land wäre, …
  … würde ich viele interessante Sachen essen.
  … hätte ich ein bisschen Angst.

- Wie das wohl wird?
- Das könnt ihr euch nicht vorstellen!
- Ich hab' echt gar nichts verstanden!
- So eine Mode-Tussi!

Noch einmal, bitte

über neue Mitschüler sprechen
Beantwortet die Fragen:

Was würdet ihr machen, wenn ihr einen neuen Mitschüler hättet?
Wie ist der neue Mitschüler vielleicht?

Relativsätze im Nominativ
Verbindet die Sätze mit einem Relativsatz.

Das ist der Schüler. Er hat nie Geld.
Das ist die Lehrerin. Sie ist neu in der Schule.
Das ist das Gebäck. Es ist sehr lecker.

Relativsätze im Akkusativ
Ergänzt das Relativpronomen.

Das ist der Schüler, _____ alle Mädchen toll finden.
Das ist meine Schwester, _____ ich nur selten sehe.
Das ist das Fach, _____ ich gar nicht mag.

Vorschläge machen mit sollte
Ein Freund macht bald ein Austauschjahr. Macht drei Vorschläge.

irreale wenn-Sätze
Was wäre, wenn ihr neu in einer Stadt / in einem Land wärt?
Schreibt drei Sätze.

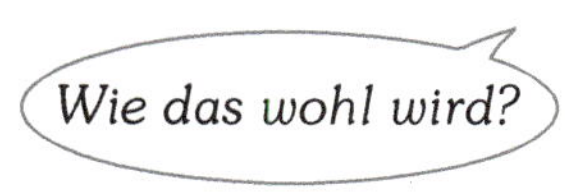

Wir lernen:
Wohnformen | über Wohnorte diskutieren | zustimmen und widersprechen
unbestimmte Zahlwörter: *alle, viele …* | Relativsätze mit *wo* | unbestimmte Pronomen: *irgendwer, irgendein …*

Wohnwelten

1 Wohnwelten

a Seht die Fotos an. Welcher Text passt?

A Nicht jede Höhle ist nass und kalt. Hier lebt man trocken und sehr gemütlich.

C Immer schwimmen und doch nie im Wasser: Hausboot auf dem Alsterkanal in Hamburg.

B Eine halbe Stunde bis zum nächsten Nachbarn: Ruhiges Wohnen in der Almhütte.

D Ein Baumhaus 3 m über der Erde: Nichts für Leute mit Höhenangst!

E Großraumwohnung mit einer besonderen Atmosphäre: Diese Wohnung war früher eine Kirche.

Zu Bild 1 passt E. Das ist eine Kirche.

b Wo möchtet ihr gern wohnen? Wählt Fotos aus oder ergänzt eigene Ideen.

Ein Hausboot wäre toll!

Ich möchte in einer großen Wohnung in New York wohnen.

1.12

c Hört zu: Warum mögen die Leute ihr Haus? Was denken andere? Ordnet die Aussagen zu.

1. Wir haben viel Platz, wir lieben diesen langen, hohen Raum.
2. Die Ruhe in meinem Baumhaus ist herrlich, keine Nachbarn außer Vögel.
3. Im Höhlenhaus ist es angenehm kühl, wenn es draußen heiß ist.
4. Wir haben auf dem Hausboot alles und es schaukelt so schön.
5. Mein Opa lebt in seiner Almhütte. Es gibt viel Wald und viele Berge.

A Alle Freunde glauben, dass es in unserem Haus sehr dunkel ist.
B Aber ein paar Freundinnen sagen, es ist unheimlich, hier zu schlafen.
C Ich kann nicht lange dort bleiben, es ist so langweilig. Viele Kühe und sonst nichts!
D Man sollte nicht in einer Kirche wohnen, denken einige Leute.
E Es ist schrecklich ohne Wasser und Strom, findet mein Sohn.

d Wo möchtet ihr nicht wohnen? Warum? Schreibt mindestens drei Sätze.

Ich möchte nicht, dass mein Haus immer schaukelt. Außerdem …

2 Wie viele Leute leben da?

a Lest den Text. Ergänzt die Sätze.

Gramais – nie gehört?
Kein Wunder, denn Gramais ist das kleinste Dorf Österreichs. Alle Einwohner passen in einen großen Bus, denn es wohnen nur wenige Leute in Gramais, circa 60 Personen. Die wenigen Kinder, die dort leben, besuchen im Nachbardorf den Kindergarten oder die Schule. Einige Leute wohnen in neuen Einfamilienhäusern. Alle anderen Häuser sind alte Bauernhöfe. Es gibt kaum Arbeit im Ort, darum gehen viele junge Leute weg.

1. Alle Einwohner …
2. Einige Leute …
3. Die wenigen Kinder …
4. Viele junge Leute …

Alle Einwohner passen in einen großen Bus.

b Wo und wie wohnen Leute? Ordnet die Wörter zu.

der Wohnblock • die Großstadt • das Hochhaus • das Reihenhaus • das Einfamilienhaus • die Stadt • der Stadtrand • das Dorf • die Wohnung • das Zentrum • der Bauernhof

Orte	Wohnformen
das Dorf	das Einfamilienhaus

c Wo wohnen wenige, einige … Schüler aus eurer Klasse? Sammelt an der Tafel.

im Hochhaus III
im Zentrum

Wenige Schüler wohnen im Hochhaus, nur drei von uns.

Unbestimmte Zahlwörter
Alle Schüler wohnen bei den Eltern.
Viele Schüler wohnen in der Stadt.
Einige Schüler leben im Zentrum.
Wenige Schüler leben auf dem Dorf.

3

3 Wo wir wohnen

a **Seht die Fotos an und überlegt: Was gibt es dort? Was gibt es wahrscheinlich nicht? Macht zu zweit zu jedem Foto Notizen im Heft.**

1

Foto 1:
– viel Verkehr
– …

Foto 2:
– kein Kino
– …

2

b **Lest den Zeitungsartikel. Welches Foto aus 3a passt zu welchem Textabschnitt? Ergänzt eure Notizen mit den Informationen aus dem Text.**

Einfamilienhäuser mit großen Gärten, wenige Autos auf den Straßen, ein paar Bäckereien, Metzgereien und Supermärkte, Kindergärten, eine Grundschule, ein Sportverein und ein Reitverein: Das ist Tangstedt, ein kleiner Vorort, ca. 10 km nördlich von der Millionenstadt Hamburg. Hier wohnen ungefähr 6000 Menschen.

Viele Bewohner fahren jeden Morgen nach Hamburg, wo sie arbeiten und wo auch viele Kinder und Jugendliche zur Schule gehen. Einige Eltern bringen ihre Kinder auf dem Weg zur Arbeit mit dem Auto zur Schule, aber die meisten fahren mit dem Bus. Diese fahren allerdings nur alle 40 Minuten und abends nur noch alle zwei Stunden. „Wenn ich abends einen Bus verpasst habe, muss ich meine Eltern anrufen. Sie müssen mich abholen, denn ein Taxi ist zu teuer. Meine Eltern sind dann ganz schön sauer. Außerdem gibt es hier keinen Sportverein, wo ich Karate machen kann. Ich muss zum Training immer weit fahren“, erzählt Linus M. (15).

Dagegen ist Wandsbek ein Ort, wo man kein Auto braucht. Es gibt viele Busse, U- und S-Bahnen, die am Wochenende sogar die ganze Nacht fahren. Wandsbek ist ein Stadtteil von Hamburg, wo 32500 Menschen leben.

Einfamilienhäuser mit eigenen Gärten gibt es hier kaum. Die meisten Familien wohnen in einer Wohnung, in einem Hochhaus oder in einem Wohnblock. Frank L. (16) wohnt mit seiner Familie dort und er findet: „Einen Garten brauche ich nicht. Wir gehen in den Park um die Ecke und grillen im Sommer dort. Aber ein größeres Zimmer hätte ich gern. Unsere Wohnung ist viel zu klein.“ Dafür gibt es in Wandsbek fast alles: Schulen, Ämter, ein Krankenhaus, Sportvereine, Kinos, Kioske, ein großes Einkaufszentrum, ein Schwimmbad und vieles mehr. Was es hier nicht gibt? Ruhe! Wandsbek ist ein Ort, wo immer etwas los ist.

c Lest den Text noch einmal. Ordnet zu.

1. Wandsbek ist ein Stadtteil von Hamburg,
2. Hamburg ist eine Stadt,
3. Tangstedt ist ein Ort,
4. In Tangstedt gibt es einen Verein,
5. Im Zentrum von Wandsbek gibt es einen Park,

A wo die Familien ihre eigenen Häuser haben.
B wo es viele Freizeitmöglichkeiten gibt.
C wo man im Sommer grillen kann.
D wo man reiten kann.
E wo über eine Million Bürger leben.

1B Wandsbek ist ein Stadtteil von Hamburg, wo es viele ...

4 Wohnorte

Was gibt es in eurem Wohnort (nicht)? Was hättet ihr in eurem Wohnort gern? Wählt aus und bildet Relativsätze mit *wo*.

Ich wohne in einem Ort, …
Ich wohne in einer Stadt, …
Ich hätte im Dorf gern ein Café, …
Ich hätte in … gern ein/eine …
…

Es gibt (k)einen Sportverein / (k)ein Kino/Theater/Café/… • Es ist alles/nichts in der Nähe. • Man kann auch/nicht allein unterwegs sein. • Man kann Eis essen / Freunde treffen / … • Man braucht die Eltern (nicht) als Fahrer. • Es gibt (keine) Abgase/Staus/… • Man hat viele/wenige Freizeitmöglichkeiten. • Es gibt viel/wenig Natur. • Man hat viel/wenig Platz. • …

Ich wohne in einem Ort, wo alles in der Nähe ist.
Ich hätte im Ort gern ein Café, wo es leckeres Eis gibt.

Relativsätze mit wo

Wir wohnen	in einem Ort, in einem Dorf, in einer Stadt, in Städten,	**wo** es sehr schön ist.

5 Schwierige Wörter aussprechen

1.13

a Hört zu und sprecht mit.

das Haus — das Einfamilienhaus — in einem Einfamilienhaus leben
die Stadt — die Millionenstadt — in der Millionenstadt Hamburg wohnen
das Zentrum — das Einkaufszentrum — in ein großes Einkaufszentrum gehen

b Von einfach zu schwierig. Ordnet die Ausdrücke wie in 5a. Lest die Reihen.

die Wohnung • das Hausboot auf dem Kanal • viele Freizeitmöglichkeiten • das Boot • in einer Großraumwohnung leben • das Hausboot • die Großraumwohnung • die Möglichkeiten • viele Freizeitmöglichkeiten haben

die Wohnung   die Großraumwohnung   ...

1.14

c Kontrolliert mit der CD. Sprecht mit.

6 Wohnen im Dorf oder in der Stadt

a Wo wohnt man besser: im Dorf oder in der Stadt? Sammelt Vorteile und Nachteile.

	Vorteile	Nachteile
im Dorf	– ein eigenes Haus mit Garten – ein eigenes, großes Zimmer	…
in der Stadt	…	– sehr laut

b Welcher Ort ist besser für Jugendliche? Was meint ihr? Schreibt ins Heft.

Ich finde … besser / nicht so gut, weil … • … ist für Jugendliche besser / nicht so gut, weil … • Ein großer Vorteil/Nachteil von … ist, dass … • Ich denke, Jugendliche brauchen (keine) … • … ist/sind für Jugendliche wichtig, weil …

Ich finde Wohnen im Dorf besser, weil die Menschen ein eigenes Haus mit Garten haben. Das ist für Jugendliche wichtig, weil …

c Bildet zwei Gruppen. Eine Gruppe ist für Wohnen im Dorf, die andere für Wohnen in der Stadt. Besprecht die Punkte 1–3 in eurer Gruppe.

1. Sammelt und besprecht eure Vorteile und Nachteile für das Wohnen im Dorf / in der Stadt aus Aufgabe 6a und b.
2. Verteilt eure Argumente. Jeder soll in der Diskussion etwas sagen.
3. Wie wollt ihr die Diskussion beginnen? Wer spricht als Erster?

▸LHB **d Diskutiert jetzt in der Klasse.**

seine Meinung sagen	zustimmen	widersprechen
Ich finde, dass …	Ja, das finde ich auch.	Nein, das finde ich nicht.
Ich denke, dass …	Du hast recht.	Das stimmt doch nicht (ganz).
Ich glaube, dass …	Genau!	Das stimmt, aber …
Ich bin der Meinung, dass …	Stimmt!	Das ist nicht richtig.
Es ist doch klar, dass …	Das ist richtig.	Das ist Unsinn/Quatsch.
Ein Vorteil/Nachteil ist, dass …	Genauso ist es!	Ich bin anderer Ansicht, weil …

7 Wo ist der Ausweis?

1.15

a Hört das Telefongespräch. In welchem Zimmer hat die Schwester den Ausweis gesucht? Warum?

A

B

C

b Lest die Sätze. Welche passen zum Telefongespräch?

1. Der Ausweis ist irgendwo im Zimmer in einer Schublade.
2. Irgendwer kontrolliert die Ausweise von den Jugendlichen.
3. Er braucht den Ausweis irgendwann.
4. Irgendwo in der Tasche ist der Ausweis.
5. Irgendwann vor ein paar Monaten hat er den Ausweis verwendet.
6. Irgendwer hat den Ausweis gestohlen.

Nummer 1 passt: „Der Ausweis ist irgendwo …"

c Was sagt der Türsteher? Ergänzt die Sätze im Heft.

1. Pass auf, ich bin nicht ___.
2. Du weißt, dass du ___ vergessen hast.
3. Du hast geglaubt, dass du es auch so ___ schaffst.
4. ___ geht es vielleicht ohne Ausweis, aber hier nicht.
5. Du kannst schon ___ hinein, aber erst will ich den Ausweis sehen.

Unbestimmte Pronomen

irgend- irgendwer
irgendwas
irgendwo
irgendwann
irgendwie

8 Der Traum vom neuen Zimmer

a Was passt zusammen? Ordnet zu.

1. Alina findet die Wände zu leer.
2. Alina findet ihr Zimmer zu dunkel.
3. Alina hat zu wenig Platz für Bücher.
4. Der Boden gefällt Alina nicht.

A Sie will irgendein cooles Regal.
B Sie möchte irgendeinen schönen Teppich.
C Sie hängt irgendwelche Poster auf.
D Sie träumt von irgendeiner hellen Farbe.

b Wie möchtet ihr einmal wohnen? Beschreibt den Ort mit vielen *irgend*-Wörtern.

Ich möchte irgendwann in irgendeinem warmen Land leben, an irgendeinem wunderbaren See. …

irgendein / irgendwelche

der See	irgendein See
das Haus	irgendein Haus
die Stadt	irgendeine Stadt
die Leute	irgend**welche** Leute

„in einem Haus, in irgendeinem Haus" – die Endungen bleiben gleich.

9 Unser Lieblingsplatz

1.16

a Hört das Gespräch. Wo sind die Freunde? Was kann man dort machen?

Die Freunde sind im …

b Hört noch einmal und beantwortet die Fragen.

1. Welche Zimmer gibt es?
2. Wie sehen die Zimmer aus?
3. Was ist Keikos Idee?

10 Die Renovierung

a Lest den Zeitungstext. Welche Überschrift passt?

A Jugendliche renovieren ihr Jugendzentrum selbst
B Kein Geld für das Jugendzentrum und das Altenheim

Großer Lärm im Jugendzentrum Kannenberg. Die jungen Handwerker streichen, hämmern, bauen Möbel und kommen dabei richtig ins Schwitzen. „Hier musste unbedingt etwas passieren. Die Wände waren mit Graffiti besprüht und die Möbel waren total alt und kaputt. Aber es war kein Geld da für eine Renovierung", erzählt uns Pia (15). Doch die Jugendlichen hatten eine Idee: Wir renovieren selbst! Nun fehlte nur noch das Geld für das Material. Kolja (16) berichtet, wie die Jugendlichen Hammer, Nägel, Farbe, Pinsel, Holz usw. organisiert haben: „Wir sind zu den Baumärkten gegangen und haben von unserem Plan erzählt. Alle waren sofort begeistert und haben uns verschiedene Materialien gegeben. Wir mussten nichts bezahlen. Das war super. Wir danken allen Sponsoren ganz herzlich!" Ein weiterer Sponsor ist das Altenheim *Am Wäldchen*. Es liegt gleich um die Ecke vom Jugendzentrum. „Wir haben von der Renovierung nebenan gehört und überlegt, wie wir helfen können. Dann haben wir den Jugendlichen einfach zwei Sofas geschenkt, die wir nicht mehr brauchen. Die jungen Leute waren so dankbar und haben alle Senioren zur Party eingeladen", freut sich Ludwig R. (45), der Leiter vom Altenheim. Die große Party findet im Juni statt. Dann feiern die Jugendlichen ihre Renovierung mit Live-Musik, Flohmarkt und gegrillten Würstchen.

b Lest die Aussagen. Korrigiert sie zu zweit im Heft.

1. Eltern und Handwerker haben die Wände gestrichen und neue Möbel gebaut.
2. Die Baumärkte haben den Jugendlichen Geld für die Renovierung gegeben.
3. Die Jugendlichen haben zwei Sofas für das Altenheim gekauft.
4. Zur Party im Juni sind nur Jugendliche eingeladen.

1. Die Jugendlichen haben die Wände gestrichen und …

c Hast du schon mal etwas renoviert? Wie? Was möchtest du mal renovieren (z. B. zu Hause, in deiner Schule)? Wer kann dir dabei helfen? Wie bekommst du die Materialien für dieses Projekt?

Kannst du das schon?

Wohnformen

- die Wohnung | das Einfamilienhaus | das Reihenhaus | der Wohnblock | das Hochhaus
- in einer Großstadt | in der Stadt | im Zentrum | in einem Vorort | in einem Dorf | auf dem Land

unbestimmte Zahlwörter

- Alle Schüler in unserer Klasse lernen Deutsch.
- Viele Mitschüler haben einen eigenen Computer.
- Einige Schüler waren schon in Deutschland.
- Es gibt an unserer Schule wenige Austauschschüler, nur zwei.

über Wohnorte diskutieren

- Ich finde/denke/glaube, dass man in der Stadt bequemer lebt.
- Ein Vorteil in der Stadt ist, dass man überall einkaufen kann.
- Ich bin der Meinung, dass man in einem Dorf mehr Platz hat.
- Ein Nachteil von einem Dorf ist, dass man immer weit fahren muss.

zustimmen und widersprechen

● Wohnen in der Stadt ist am besten.

○ Ja, das finde ich auch. | Du hast recht. | Genau! | Genauso ist es. | Stimmt! | Das stimmt! | Richtig! | Das ist richtig.

▶ Nein, das finde ich nicht. | Das stimmt doch nicht. | Das ist nicht richtig. | Das ist Quatsch/Unsinn. | Das stimmt, aber … | Ich bin anderer Meinung, weil …

Relativsätze mit wo

- Ich möchte in einem Ort wohnen, wo man viele Freizeitmöglichkeiten hat.
- Ich hätte dort gern ein Jugendzentrum, wo ich meine Freunde treffen kann.
- Eine Bibliothek wäre toll, wo man viele Bücher leihen kann.
- Ich hätte gern Straßen, wo ich nachts allein unterwegs sein kann.

unbestimmte Pronomen

- Irgendwie ist meine Uhr seit heute weg.
- Meine Uhr muss aber irgendwo in meinem Zimmer sein.
- Ich habe sie doch irgendwann auf den Schreibtisch gelegt.
- Oder ist sie in irgendeiner Schublade?
- Ich glaube, irgendwer hat sie genommen.

- Kein Wunder!
- Nie gehört.
- Ich bin ganz schön sauer.

Noch einmal, bitte

Wohnformen

Wo wohnen Leute?
Nennt sechs Wörter.

unbestimmte Zahlwörter

Bildet Sätze mit *alle, viele, einige, wenige Schüler.*

- *Deutsch lernen*
- *eigener Computer*
- *in Deutschland*
- *Austauschschüler*

über Wohnorte diskutieren

Dorf oder Stadt? Sprecht zu zweit.
Sagt eure Meinung in zwei Sätzen.

zustimmen und widersprechen

Wohnen in der Stadt ist am besten.

Stimmt drei Mal zu und widersprecht drei Mal.

Relativsätze mit wo

Wie möchtet ihr euren Wohnort? Was hättet ihr dort gern?
Notiert drei Relativsätze mit *wo.*

unbestimmte Pronomen

Die Uhr ist weg. Antwortet mit *irgend*-Wörtern.

Wie?
Wo?
Wann?
Wer?
Welche Schublade?

4

Wir lernen:
über Interessen sprechen | Anweisungen geben | vergleichen | sich beschweren
Genitiv mit bestimmtem und unbestimmtem Artikel | Infinitiv mit *zu*

Medien und Werbung

1 Das finde ich super!

a Seht euch die Werbung an. Für was könnte das sein?

Das ist vielleicht Werbung für eine neue DVD.

1.17 **b Hört das Interview von drei Jugendlichen. Was denken sie über Computerspiele? Notiert Stichpunkte.**

Niklas	Calista	Jakob
spielt täglich		

c Spielt ihr gern am Computer? Warum (nicht)? Sprecht in der Klasse.

spannend/langweilig sein • gewinnen • viele Levels schaffen • sich (nicht) entspannen • tolle Animationen mögen • nervös werden • lieber andere Sachen machen • weiterkommen • besser als andere sein

Ich spiele gern, weil ich alle Levels schaffen will.

2 Kauf mich!

1.18 **a Hört die Werbung. Um was geht es im PC-Spiel? Sprecht in der Klasse.**

neue Welten entdecken • gegen Monster kämpfen • strategisch denken • ein Zauberer hilft • eine Abenteuerreise machen • Städte bauen • Figuren bewegen • Inseln entdecken • auf Pferden reiten • mit Flugzeugen fliegen

b Hört noch einmal und wählt die richtigen Antworten aus. Schreibt ins Heft.

1. Das ist das Spiel	A der Woche.	B des Monats.	C des Jahres.
2. Du bist der Kapitän	A eines Schiffs.	B eines Flugzeugs.	C einer Rakete.
3. Du brauchst die Hilfe	A der Prinzessin.	B des Zauberers.	C des Königs.
4. Du machst eine Reise	A der Abenteuer.	B des Glücks.	C der Liebe.
5. Du erlebst die Welt	A der Meere.	B der Abenteuer.	C der Freundschaft.

1. Das ist das Spiel des Jahres.

c Schreibt zu zweit einen Werbetext für ein Spiel. Verwendet Ausdrücke wie in 2b. Stellt das Spiel in der Klasse vor.

Das beste Spiel der Welt – …

Genitiv

der Freund	das Spiel **des/eines** Freund**es**
das Schiff	der Kapitän **des/eines** Schiff**s**
die Freundin	das Spiel **der/einer** Freundin
die Spiele	die Welt **der** Spiele

3 Die Stimme der Werbung

a Lest den Artikel über Klaus Kerner. Was ist er von Beruf? Was macht er gern?

Klaus Kerner, 30, spricht Werbetexte, z. B. für Computerspiele. Außerdem ist er schon seit 20 Jahren Synchronsprecher. Auch als Kind hat er schon in Filmen gesprochen, jetzt hat er daraus seinen Beruf gemacht. „Werbung mache ich gern, da verdient man nämlich meistens gut. Aber am liebsten spreche ich in Animationsfilmen. Da muss man manchmal ganz verrückte Sachen machen, zum Beispiel einen Baum oder Tiere sprechen. Das ist nicht leicht – aber es macht Spaß! Es ist auch kompliziert, einen ausländischen Film zu synchronisieren: Alles muss ganz natürlich aussehen, denn das Publikum darf später nichts merken."

Die Arbeit im Tonstudio ist manchmal sehr stressig – und auch teuer. Deshalb muss es meistens schnell gehen. Es gibt noch zwei wichtige Personen, nämlich den Tontechniker und den Regisseur. Der Tontechniker kontrolliert die Studiotechnik und der Regisseur ist für die gesamte Aufnahme zuständig. Wenn der Regisseur etwas anders will, dann muss Klaus einen Text mehrmals sprechen – ohne Talent und Geduld würde das nicht klappen!

b Lest die Fragen und schreibt die Antworten ins Heft.

1. Wie lange arbeitet Klaus schon als Sprecher?
2. Was spricht er am liebsten? Warum?
3. Warum muss die Arbeit im Studio schnell gehen?
4. Wer ist noch im Studio?
5. Welche Eigenschaften braucht ein Sprecher?

1. Klaus arbeitet seit 20 Jahren als Synchronsprecher.

c Welche Zeichentrickfiguren gefallen euch? Warum? Sprecht in der Klasse.

Ich mag Spongebob, weil er immer …

4 Technische Produkte

a Wo bekommt ihr Informationen über Produkte? Sammelt in der Klasse.

in Zeitschriften, im Geschäft

b Lest die Informationen über ein Computerspiel. Welche findet ihr nützlich?

www.pcspiel.de

Ein PC-Spiel, das Spaß garantiert – mit vielen neuen Features! Einfach Spiel einlegen, über das Internet registrieren und schon geht's los. Es ist toll, fremde Kontinente kennenzulernen und neue Kontakte herzustellen.
Du hast die Möglichkeit, deine eigene Welt aufzubauen.

Wie sie aussieht, bestimmst du!

Systemvoraussetzungen:
Betriebssystem: Windows 7/Vista/XP
Prozessor: 3 GHz Intel Pentium 4 oder vergleichbar
Arbeitsspeicher: 1 GB RAM / Grafikkarte: DirectX 9.0c

„Ein neuer Stern am Himmel der PC-Spiele." (PC-Universum)

„Die perfekte Kombination aus Strategie und Spaß." (Compugame)

„Es macht einfach Spaß, alles auszuprobieren – tagelang." (sternchen-online)

*****	Kundenbewertung
Absolut empfehlenswert	Ich habe mir das Spiel vor fünf Tagen gekauft und bin begeistert. Es ist eine gute Mischung aus Strategie, Abenteuer und Information. Man hat nur Erfolg, wenn man anderen Figuren hilft. Die Grafik ist super und die Installation geht superschnell. Und danach ist es einfach spannend, alle Levels zu schaffen. Ich empfehle es allen Fans von Strategiespielen, Alter egal!

c Lest die Fragen und sucht die passenden Sätze in den Texten.

1. Was ist toll an dem Spiel?
2. Welche Möglichkeit hat man?
3. Was macht Spaß?
4. Wann hat man Erfolg?
5. Was ist spannend?

Es ist toll, fremde Kontinente kennenzulernen.

5 Es ist toll, …

Welches technische Produkt benutzt ihr gern? Warum? Schreibt die Sätze zu Ende.

1. Es ist toll, …
2. Es macht Spaß, …
3. Man hat Lust, …
4. Es gibt die Möglichkeit, …
5. Ich versuche, …

alle Levels schaffen • mit Freunden spielen • Lieblingsmusik hören • Neues kennenlernen • stundenlang entspannen • …

Mein Netbook
1. Es ist toll, überall mit Freunden zu chatten.

Infinitiv mit zu
Es ist toll, Freunde **zu** finden.
Es ist möglich, eine Welt auf**zu**bauen.
Man hat Lust, lange **zu** spielen.
Ich versuche, alle Levels **zu** schaffen.

6 Das ist doch ganz einfach!

1.19

a Hört das Telefongespräch. Was möchte Charly von Leo?

Leo, 14

Charly, 6

b Hört noch einmal. Findet die richtige Reihenfolge für die Bilder.

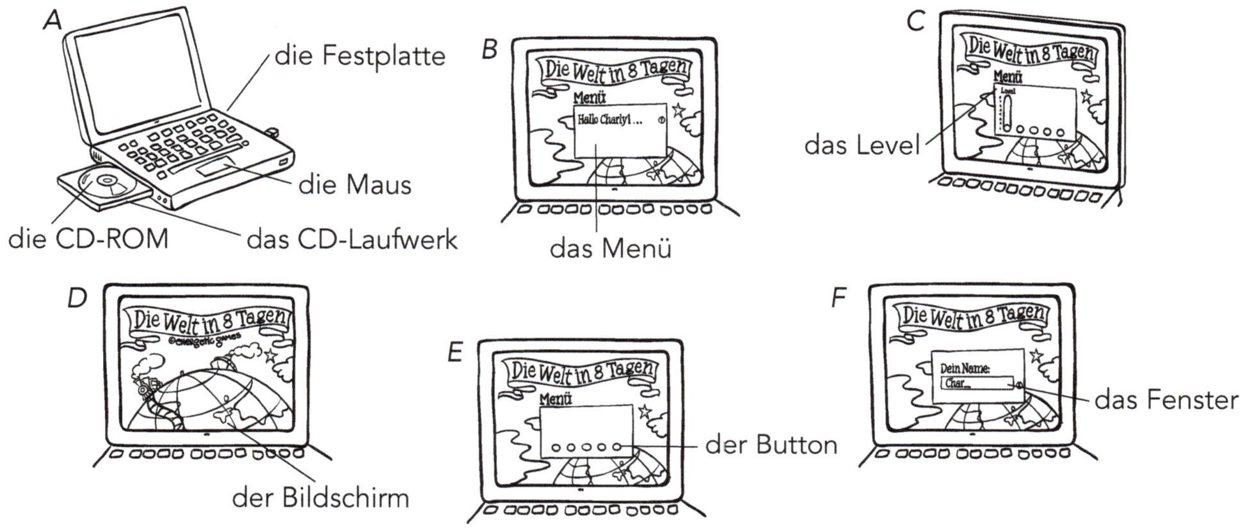

c Hört noch einmal und macht Notizen. Welche Tipps gibt Leo?

A zuerst die CD einlegen

d Arbeitet zu zweit. Erklärt eurem Partner die Reihenfolge.

zuerst • jetzt • dann • später • danach • anschließend

Du musst zuerst …

Wenn du …, dann …

Dann legst du …

Klick danach …

7 s wie in …

1.20

a Hört die Wörter und sortiert sie in die Tabelle. Lest die Wörter dann laut.

s wie in Sonne	s wie in Fenster

riesig • begeistert • Spaß • sehen • sehr • Sommer • segeln • nervös • Lösung • besser • vergessen • etwas

1.21

b Arbeitet zu zweit. Was hört ihr: s wie in *Sonne* oder s wie in *Fenster*? Einer notiert alle Sonne-Wörter, der andere alle Fenster-Wörter. Vergleicht eure Notizen.

8 Tolles Schnäppchen!

1.22

a Hört das Gespräch. Warum findet Pia ihr neues Handy toll?

b Lest den Text und sammelt Informationen zu den Stichpunkten.

Tricks im Internet – Vorsicht beim Handykauf
Kriminelle nutzen das Internet und verkaufen Handys mit einem extrem teuren Vertrag. Der Trick ist ganz einfach: Ein neues Handy gibt es „umsonst“. Manche Kunden lesen den Vertrag nicht richtig und hier ist das Problem: Die Tarife sind viel teurer als normal. Eine SMS kostet 60 Cent – also mehr als das Doppelte vom Normaltarif –, ein Telefonat zwischen 40 und 70 Cent pro Minute. Die Polizei warnt: Auf keinen Fall unterschreiben! Wenn Sie schon unterschrieben haben, dann haben Sie nur eine Chance: innerhalb von zwei Wochen kündigen. Und das nächste Mal – immer **alles** lesen!

Vertrag: *extrem teuer*
Kunden:
Tarif:
Polizei:
kündigen:

c Vergleicht die Handypreise. Welcher Tarif ist am teuersten, welcher am billigsten?

Tarif	A	B	C
SMS	20 Cent	30 Cent	10 Cent
pro Minute ins Festnetz	20 Cent	5 Cent	10 Cent
pro Minute ins Handynetz	10 Cent	0 Cent	10 Cent
Grundgebühr/Monat	5,- Euro	15,- Euro	10,- Euro

Für die SMS ist Tarif C am billigsten.

d Vergleicht die Tarife wie im Beispiel. Schreibt fünf Sätze ins Heft.

ein Viertel = 1/4 ein Drittel = 1/3 die Hälfte = 1/2 das Doppelte = x 2

1. Die Grundgebühr für Tarif A kostet ein Drittel von Tarif B.
2. Eine Minute ins Festnetz kostet im Tarif A das Doppelte von Tarif C.

9 Preisvergleich

Bei welchen Sachen vergleicht ihr die Preise? Was ist wo billiger? Sprecht in der Gruppe.

Ich vergleiche bei Süßigkeiten. Süßigkeiten sind im Supermarkt am billigsten.

Bei Musik. Ich …

10 Beschweren – ganz leicht!

1.23
a Pia und Nadja haben einen Plan. Hört und lest den Dialog. Was meint Pias Mutter dazu?

Pia: Was? Das ist ja schrecklich! Kann ich gar nichts machen?
Nadja: Doch, zum Glück schon. Im Internet steht, du kannst noch kündigen.
Pia: Ja, das mache ich sofort. Hier steht irgendwo die Nummer der Hotline. Ich rufe gleich an und beschwere mich.
Mutter: Was willst du denn sagen?
Pia: Na, ich sage, dass ich sofort mein Geld zurückhaben will. Und dass ich ihr blödes Handy gar nicht will.
Nadja: Ja, und dann sag noch, dass du sie bei der Polizei anzeigst.
Mutter: Polizei? Du hast aber den Vertrag unterschrieben, das ist ganz legal.
Pia: Ach, Mama. Aber das ist doch echt unfair.
Mutter: Also, noch mal von Anfang an: Wenn du da anrufst, was sagst du dann?
Pia: Ich will mein Geld zurück.
Mutter: Erst einmal sagst du, dass du vor zwei Tagen den Vertrag unterschrieben hast – und ihn jetzt kündigen möchtest, weil die Tarife zu teuer sind.
Pia: Und ihr blödes Handy will ich nicht.
Mutter: Dann sagst du freundlich: „Ich gebe Ihnen natürlich das Handy zurück. Dafür erwarte ich, dass Sie mir auch umgehend meine Grundgebühr auf mein Konto überweisen."
Nadja: Und die Polizei?
Mutter: Über die Polizei sagst du gar nichts. Du sagst nur: „Wenn es Probleme gibt, dann beschwere ich mich."
Pia: Vielleicht solltest du das lieber machen …
Mutter: Nein, nein. Du hast den Vertrag selbst unterschrieben, also kannst du auch selbst anrufen.

b Was will Pia am Telefon sagen? Bringt die Sätze in eine sinnvolle Reihenfolge.

1. Ich möchte meinen Vertrag sofort kündigen.
2. Wenn es Probleme gibt, dann beschwere ich mich.
3. Mein Name ist Pia Rehmler.
4. Das Handy schicke ich Ihnen natürlich zurück.
5. Vielen Dank.
6. Ich habe vorgestern einen Handyvertrag abgeschlossen.
7. Die Tarife sind viel teurer als üblich.
8. Bitte überweisen Sie mir die Grundgebühr sofort zurück.

3. –

1.24
c Hört das Telefongespräch. Welche Sätze aus 10b verwendet Pia? Hat sie Erfolg?

d Ist euch schon einmal etwas Ähnliches passiert? Erzählt in der Klasse.

11 Die bunte Welt der Werbung

a Sammelt in der Klasse: Für was wollt ihr werben? Bildet dann Gruppen und wählt ein Produkt.

– Handy
– ...

b Sammelt in der Gruppe: Was ist das Besondere an eurem Produkt?

– großes Display
– ...

▸LHB **c** Seht euch die Werbeformen an. Welche Werbeform passt am besten für euer Produkt? Denkt euch eine Werbung aus.

TV-Spot

Das ist typisch:
Musik und Bilder passen zusammen
spricht Emotionen an
es gibt eine kurze Geschichte
wie ein Rätsel – das Produkt sieht man nicht gleich

Das braucht ihr:
Kamera und Mikrofon
Drehbuch
Schauspieler
Text und Musik

Audio-Spot

Das ist typisch:
kurz und witzig
weckt die Aufmerksamkeit (durch Musik/Geräusche)
Name des Produkts kommt oft vor
Info oder kleine Geschichte

Das braucht ihr:
ruhigen Raum
Computer mit Mikrofon
Drehbuch mit Text
Sprecher
Musik oder Geräusche

Printwerbung

Das ist typisch:
kurzer, witziger Slogan
gute grafische Aufteilung
wichtige Infos sind angegeben
angenehme Atmosphäre

Das braucht ihr:
Foto
Information
kurzer Text
Slogan

Internetwerbung

Das ist typisch:
auffälliges Design (Farbe/Animation)
wichtige Info ist markiert
Kurztexte und Slogans wechseln sich ab
Aufforderung am Schluss

Das braucht ihr:
Computer mit Grafikprogramm
Foto
Werbespruch

d Präsentiert eure Werbung in der Klasse. Welche Werbung gefällt euch am besten?

Kannst du das schon?

über Interessen sprechen
- etwas ist spannend/langweilig / kann man mit Freunden machen / Spaß machen / gewinnen können / weiterkommen wollen / entspannen
- nervös werden / lieber andere Sachen machen

Genitiv
- Es ist das Spiel des Monats / des Jahres / der Woche.
- Entdecke die Welt der Abenteuer / der Freundschaft / der Zauberer.
- Mit der Hilfe eines Zauberers / eines Mädchens / einer Prinzessin kannst du das Spiel gewinnen.

Infinitiv mit zu
- Es ist toll, ein neues Level zu schaffen.
- Es macht Spaß, etwas Neues auszuprobieren.
- Man hat Lust, weiterzumachen.
- Es gibt die Möglichkeit, Musik zu hören.
- Ich versuche, immer besser zu werden.

Anweisungen geben
- Zuerst legst du die CD ein.
- Dann gibst du einen Namen ein.
- Anschließend kommst du auf die nächste Seite.
- Wenn du jetzt mit der Maus drauf gehst, kannst du es anklicken.
- Bei dem Button kannst du das Level wählen.
- Später musst du dich wieder abmelden.

vergleichen
ein Viertel | ein Drittel | die Hälfte | das Doppelte

- Cola A kostet ein Viertel von Cola B.
- Eis B kostet zwei Drittel von Eis A.
- Kaffee B kostet das Doppelte von Kaffee A.

sich beschweren
- Ich möchte mich beschweren.
- Ich möchte den Vertrag kündigen.
- Das ist viel teurer als üblich.
- Bitte geben/überweisen Sie mir mein Geld zurück.

- Und schon geht's los!
- Das ist doch ganz einfach!
- Das ist ja schrecklich!
- Aber das ist doch echt unfair!

Noch einmal, bitte

über Interessen sprechen
Was macht ihr gern?
Warum?
Beschreibt euer Hobby.

Genitiv
Macht in drei Sätzen Werbung für eine CD, ein Computerspiel oder ein Buch.

Infinitiv mit zu
Was magst du an deinem Hobby? Schreib drei Sätze.

Anweisungen geben
Wie macht man das?
Erklärt, wie man ein Computerspiel startet.

vergleichen
Vergleicht die Preise.

A		B	
Cola	0,15	Cola	0,60
Eis	1,50	Eis	1,–
Kaffee	2,–	Kaffee	4,–

sich beschweren
Ihr wollt einen Vertrag kündigen. Beschwert euch in drei Sätzen.

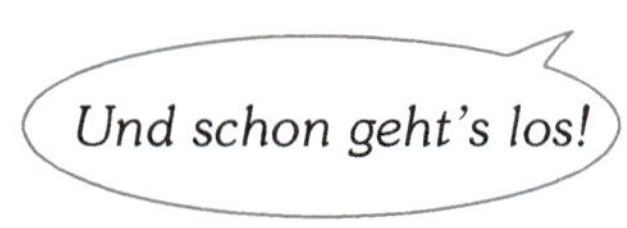

Grammatikübersicht

Konjunktiv II

	haben	sein	werden	können	sollen
ich	hätt**e**	wär**e**	würd**e**	könnt**e**	sollt**e**
du	hätt**est**	wär**st**	würd**est**	könnt**est**	sollt**est**
er/es/sie	hätt**e**	wär**e**	würd**e**	könnt**e**	sollt**e**
wir	hätt**en**	wär**en**	würd**en**	könnt**en**	sollt**en**
ihr	hätt**et**	wär**t**	würd**et**	könnt**et**	sollt**et**
sie/Sie	hätt**en**	wär**en**	würd**en**	könnt**en**	sollt**en**

Würdest du gern zum Konzert gehen?
Wenn ich Zeit hätte, wäre ich gern dabei.

Könntest du mir bitte das Programm zeigen?
Du solltest aber pünktlich kommen.

Verben mit Präpositionen

Akkusativ
Keiko **freut sich auf** die Zeit in Deutschland.
Sie **redet** den ganzen Tag **über** ihren Freund.

Weitere Verben: warten auf, sich interessieren für, diskutieren über, sich erinnern an

Dativ
Keiko kann viel **von** ihrem Land **erzählen**.
Sie **träumt von** der neuen Schule.

Weitere Verben: teilnehmen an, gratulieren zu, telefonieren mit, einladen zu

Relativsätze im Nominativ und Akkusativ

	Nominativ	Akkusativ
Das ist der/ein Austauschschüler,	Er surft gern. **der** gern surft.	Ich verstehe ihn gut. **den** ich gut verstehe.
Das ist das/ein Geschenk,	Es ist von meinem Opa. **das** von meinem Opa ist.	Ich habe es nicht ausgepackt. **das** ich nicht ausgepackt habe.
Das ist die/eine Austauschschülerin,	Sie spricht gut Deutsch. **die** gut Deutsch spricht.	Er mag sie sehr gern. **die** er sehr mag.
Das sind die/– Schüler,	Sie haben heute einen Infotag. **die** heute einen Infotag haben.	Wir treffen sie bald. **die** wir bald treffen.

Relativsätze mit *wo* – Ortsangaben

Hamburg ist eine Stadt, **wo** fast zwei Millionen Menschen leben.
Ich wohne in einem Ort, **wo** man nicht viel machen kann.

Nebensatz vor Hauptsatz

Die Schule ist aus. **Wenn** die Schule aus ist,	**Ich** fahre Skateboard. fahre **ich** Skateboard.	Ich bin total müde. **Weil** ich total müde bin,	**Ich** muss Kaffee trinken. muss **ich** Kaffee trinken.

Trennbare Verben im Nebensatz

				Satzende
	Sie	lernt	neue Freunde	kennen.
Keiko hofft, dass	sie		neue Freunde	kennen lernt.
	Wie	sieht	Keiko	aus?
Nadja möchte wissen,	wie		Keiko	aus sieht.

Infinitiv mit *zu*

Ich beginne,	mir eine fantastische Welt auf**zu**bauen.

Weitere Verben: aufhören, anfangen, vergessen, versprechen, versuchen, sich bemühen

Es ist toll,	mit Freunden Computerspiele **zu** spielen.

Weitere Adjektive: Es ist wichtig, …; Es ist schwer, …; Es ist leicht, …; Es ist möglich, …

Es macht Spaß,	eine neue Welt **zu** entdecken.

Weitere Nomen: (keine) Zeit haben, Angst haben, Lust haben

Artikelwörter im Genitiv

	des, der	eines, einer
der	Die Hilfe **des** Zauberer**s** kommt rechtzeitig.	Den Namen **eines** Freunde**s** vergesse ich nie.
das	Der Kapitän **des** Schiff**s** hat einen Bart.	Die Installation **eines** Spiel**s** macht Probleme.
die	Das Spiel heißt „Das Ende **der** Welt".	Du bist der Kapitän **einer** Rakete.
die	Eine Welt **der** Abenteuer erwartet dich.	*

Genitiv-s bei Namen: Claudia**s** Freund, Plato**s** Nase

* Diese Form gibt es nicht. Man kann sie mit *von* + Dativ ersetzen: die E-Mail-Adresse von Freunde**n**.

Unbestimmte Pronomen: *irgend-* + W-Fragewort

irgendwer	Irgendwer hat meinen Personalausweis versteckt.
irgendwo	Wo ist denn dein Schlüssel? – Keine Ahnung, irgendwo.

Ebenso: irgendwann, irgendwie, irgendwas

Unbestimmte Pronomen: *irgendein/irgendwelche*

ein	irgendein See
ein	irgendein Haus
eine	irgendeine Stadt
	irgendwelche Leute

Wenn ich erwachsen bin, möchte ich an irgendeinem See in irgendeinem schönen Haus wohnen. Wichtig ist, dass irgendeine Stadt in der Nähe ist. Dort treffe ich irgendwelche berühmten Leute.

Letterboxing

1 Im Harz und auf den Inseln Wangerooge und Rügen

a Lest den Infotext. Was ist Letterboxing genau?

INFO +++ INFO +++ INFO +++ INFO +++ INFO +++ INFO +++ INFO +++
Letterboxing ist wie eine Suche nach einem Schatz. Man versteckt eine Kiste (engl. *box*) mit einem Notizbuch und einem Stempel an einem interessanten oder schönen Ort. Man beschreibt den Weg zur Box als Rätsel und stellt die Informationen ins Internet. Jeder, der Lust hast, kann sich auf die Suche nach der Kiste machen, eine Nachricht in das Notizbuch schreiben und das eigene Notizbuch stempeln.
INFO +++ INFO +++ INFO +++ INFO +++ INFO +++ INFO +++ INFO +++

b Wo ist der Schatz in Wangerooge? Lest die Beschreibung und sucht auf der Karte.

www.meine-letterbox.de

Startseite | Karte | Information | Forum

Hauptmenü
- Suchen
- Verstecken
- Caches

Letterbox Wangerooge
Wangerooge ist eine Insel in der Nordsee, die nur knapp 8 km² groß ist. Autos dürfen hier nicht fahren. Die frische Luft genießen viele Touristen. Und hier gibt es noch mehr zu sehen: An der Nordseite der Insel gibt es einen wunderschönen etwa 100 m breiten und 3 km langen Sandstrand. Im Süden der Insel liegt das Wattenmeer – Weltnaturerbe der UNESCO.

Sucht im Dorf Wangerooge nach unserer Letterbox und genießt den Aufenthalt hier!

So findet ihr die Box:
Sucht auf der Insel Wangerooge das Café mit dem Namen eines Desserts. Geht vom Café in Richtung Alter Leuchtturm. Auf der rechten Seite seht ihr ein Haus, in dem man Geld bekommt. Geht dann weiter in Richtung Westen. Ihr kommt an einem Haus vorbei, in dem Besucher schlafen können. Nehmt dann den kleinen Weg dahinter links rein in den Park. Geht durch den Park und dann nach Osten bis zur Kreuzung. Nehmt die Straße mit dem längeren Namen. Geht bis zu der Straße mit einem männlichen Vornamen. Seht dann in Richtung Norden. Geht zu den drei Bänken, die unter den großen Bäumen stehen. Bei dem Baum, der im Sommer und im Winter „Blätter" trägt, findet ihr die Box.

c Philip hat schon zwei Letterboxen gefunden und zu jedem Ort Notizen in sein Buch gemacht. Lest die zwei Beschreibungen, die Beschreibung von Wangerooge aus 1b und die Einträge ins Notizbuch. Wo war Philip noch nicht?

Startseite	Karte	Information	Forum	

Hauptmenü
- Suchen
- Verstecken
- Caches

Letterbox Rügen 09
Rügen ist die größte Insel Deutschlands. Sie liegt in der Ostsee. Das Wahrzeichen Rügens sind die Kreidefelsen im Osten. Unsere Letterbox findet ihr in der Stadt Bergen auf Rügen. Sie liegt in der Mitte der Insel.

So findet ihr die Box:
Vom Parkplatz Rugardweg (Sommerrodelbahn) geht ihr nach links …

Startseite	Karte	Information	Forum	

Hauptmenü
- Suchen
- Verstecken
- Caches

Brocken-Letterbox
Der Brocken ist der höchste Berg Norddeutschlands und liegt im Mittelgebirge Harz. Für echte Wanderer sind seine 1141 Meter aber nur ein Spaziergang. Der Brocken ist berühmt für seine Hexen. Früher hat man gedacht, dass sich in der Nacht auf den 1. Mai alle Hexen aus ganz Deutschland auf dem Brocken versammeln und dort tanzen. Auch heute noch organisiert man im ganzen Harz Feste, wo man sich als Hexe verkleidet.

So findet ihr die Box:
Eure Suche beginnt in Schierke. Geht …

04.01.2011

Die Letterbox war nicht leicht zu finden und es war sehr, sehr kalt!!!

Der ganze Wanderweg war voll Schnee und erst oben habe ich erfahren, dass es auch eine Bahn gibt. Toll! Die habe ich dann auf dem Rückweg genommen (endlich warm!). Am Abend auf dem Tanzplatz war es gar nicht gruselig – nicht eine Hexe zu sehen.

29.7.2011

Das war eine Box für Anfänger – gar kein Problem!

Wir haben hier alle Urlaub gemacht. Waren viel am Strand bei super Wetter. Ich habe surfen gelernt!! Gar nicht so einfach. Wir waren auch ein bisschen wandern – bis zum Königsstuhl. Irre: Überall gibt's hier Kreide, aber nicht zum Schreiben. ☺

2 Letterboxing bei euch

Arbeitet in Gruppen. Versteckt eine Box in der Schule oder in der Nähe eurer Schule. Schreibt Informationen zu dem Ort und erklärt, wie man den Schatz finden kann. Tauscht die Informationen mit anderen Gruppen und geht auf die Suche.

5

Wir lernen:
eigene Meinung äußern | einen Kommentar schreiben | ein Buch präsentieren
Wiederholung Adjektivendungen | Adjektivendung: Komparativ und Superlativ: *die bessere Note, das beste Lied*

Das ist mir wichtig.

1 Das kann ich selbst besser.

1.25

a Seht das Foto an und hört das Interview. Was ist richtig?

1. Janina hat eine kleine Modefirma und verkauft Kleidung über das Internet.
2. Janina näht sich ihre Kleidung selbst und möchte Mode-Designerin werden.
3. Janina ist Schülerin und macht gerade ein Praktikum bei einer Schneiderin.

b Hört noch einmal und beantwortet die Fragen in Stichpunkten. Vergleicht in der Klasse.

1. Wie gefällt anderen die Kleidung von Janina?
2. Warum näht sie sich ihre Kleidung selbst?
3. Was ist Janinas Meinung: Was ist beim Kleiderkauf wichtig?
4. Was denkt Janina: Wie kann sie beruflich Erfolg haben?
5. Was plant sie in den Sommerferien?

1. viele machen Komplimente; gefällt aber nicht allen

c Was erzählt Janina über die globalisierte Welt? Kennt ihr noch andere Beispiele für Globalisierung? Sprecht in der Klasse.

die Produktion • der Transport • billig • das Material • der niedrige/hohe Lohn • die Globalisierung • die Fabrik • die Industrie • illegal • der Preis • teuer • …

Die geringen Preise sind ein Grund für die Globalisierung.

2 Dein Hobby

Arbeitet zu zweit. Macht ein Interview über das Hobby eures Partners. Ihr könnt euer Gespräch aufnehmen oder es in der Klasse vorspielen.

3 Wie siehst du denn aus?

a Seht die Fotos an und beschreibt sie.

Auf Foto A sieht man Janina und ihre Familie beim Frühstück. Die Eltern …

▸LHB **b Arbeitet zu zweit. Was denken die Personen über Janina? Was sagen sie?**

Oh nein, was hat sie denn heute an? • Soll das ein Kleid sein? • Na, es steht ihr schon. • Sie hat wirklich Mut! • Warum zieht sie denn so etwas an? • Das ist Geschmackssache. • Das hätte ich auch gern! • Wie peinlich! • Also, ich finde es super! • Weiter so! • Das ist ja krass. • Du hast wirklich Talent! • …

c Welche Stars haben ihren eigenen Stil? Was ist typisch für sie? Wie gefällt euch das? Sprecht in Gruppen.

Lady Gaga zieht sich originell an. Sie trägt …

4 Wie wichtig ist Markenkleidung für dich?

1.26–30 **a Hört fünf Kommentare aus einer Umfrage. Sind die Sätze richtig oder falsch?**

1. Das Mädchen zieht sich so wie ihre Freundinnen an, auch wenn es teuer ist.
2. Der Junge kauft Markenkleidung, weil sein Bruder das auch macht.
3. Das Mädchen kauft keine Markenkleidung, weil es nicht zu ihrem Stil passt.
4. Das Mädchen findet, dass der Preis für Markenkleidung zu hoch ist.
5. Der Junge denkt, dass es wichtig ist, wie man sich anzieht.

b Was denkt ihr über Markenkleidung? Sprecht in der Klasse.

Meiner Meinung nach ist Markenkleidung nicht wichtig, weil …

Ich trage schon gern Markenkleidung. Da wissen andere gleich, …

5 Mama, das ist ja peinlich!

1.31 **a Hört das Gespräch von Anton, Paul und Pia. Über was sprechen sie?**

b Hört noch einmal. Wer trägt was? Ordnet zu. Beschreibt die Kleidung der Eltern.

die Ohrringe · die Strumpfhose · die Bluse · schwarz · das Jeanshemd
die Jeans · die Jacke · die Haare
der Rock · weiß · gelb · gemustert
blau · bunt · eng
lang
riesig · das Neon-Shirt

Pauls Mutter trägt eine blaue Strumpfhose und …

Wiederholung Adjektivendungen

	Nominativ	Akkusativ	
der	ein weißer	ein**en** weiß**en**	Rock
das	ein buntes	ein buntes	Hemd
die	eine rote	eine rote	Bluse
die	– enge	– enge	Jeans

1.32 **c Pauls Mutter kommt ins Zimmer. Wie reagiert sie wahrscheinlich? Sprecht in der Klasse. Hört dann das Gespräch. Wie reagiert Pauls Mutter wirklich?**

Vielleicht ist sie sauer.

Ich glaube, sie …

6 Mama, was hast du denn angezogen?

▸LHB **Fragt eure Eltern und Großeltern, was sie früher getragen haben. Bringt Fotos von eurer Familie vor 10, 20, 30, 40 und 50 Jahren mit. Erzählt in der Klasse.**

7 Super ist für mich, …!

a Lest die Kommentare in einer Zeitschrift. Ordnet sie den Themenbereichen zu.

Super ist für mich, …

… die beste Band live zu sehen.
… den **coolsten** Lehrer zu haben.
… die ganze *Nacht* mit Freunden zu quatschen.
… in Mathe bessere Noten zu bekommen.
… am heißesten Tag im Freibad zu sein.
… mit den **besten Freunden zu feiern**.
… nachts eine SMS von der Freundin zu bekommen.
… auszuschlafen.
… mehr Taschengeld zu bekommen.
… endlich perfekt Ski fahren zu können.
… das **höchste Level** zu schaffen.
… die **geilste** Musik zu hören.
… das tollste Geschenk zu bekommen.
… bei der schwersten Prüfung **krank** zu sein.
… das **coolere** Handy zu haben.

Freundschaft	Schule	Freizeit

b Lest den Kommentar von Sebastian. Ergänzt die Endungen im Heft.

Ich fühle mich super, wenn ich mit meinen best… Freunden am Wochenende in den Fun-Park gehe. Das sind immer die coolst… Tage, wenn wir zusammen skaten. Skaten mache ich jetzt schon seit drei Jahren und mittlerweile kann ich auch schon die schwierigst… Tricks ziemlich gut. Im nächst… Jahr fahre ich dann auch zu größer… Wettbewerben, denn hier in der Stadt habe ich schon alles gewonnen. Mein Traum ist, auch zu international bekannter… Turnieren zu fahren. Davor muss ich aber noch hart trainieren!

Adjektivendung: Komparativ und Superlativ

Nominativ	Akkusativ	Dativ	
der beste	den beste**n**	dem beste**n**	Freund
das größer**e**	das größer**e**	dem größer**en**	Turnier
die beste	die beste	der beste**n**	Freundin
die coolste**n**	die coolste**n**	den coolste**n**	Tage(n)

8 Das ist super!

a Was findet ihr super? Schreibt eure Ideen auf Zettel und macht ein Poster.

b Schreibt einen eigenen Kommentar zum Thema. Der Text in 7b hilft euch.

9 Crazy

a Das Jugendbuch „Crazy“ von Benjamin Lebert ist in Deutschland populär. Die Hauptperson ist ein behinderter Junge. Was kann schwierig sein für Schüler mit Behinderung? Sprecht in der Klasse.

blind

gehörlos (taub)

gelähmt

Wenn man blind ist, dann kann man keine normalen Bücher lesen.

b Lest zuerst die Zusammenfassung von „Crazy“ und dann den Textausschnitt. Benni, die Hauptperson, erzählt. Über was sprechen Janosch und Benni?

Benni ist behindert, denn er kann seine linke Körperhälfte nicht richtig bewegen. Er kommt in ein Internat auf dem Land, weil er schlecht in der Schule ist. Dort findet er neue Freunde, zum Beispiel Janosch. Mit seinen Freunden verbringt er heimlich eine Nacht in München. Natürlich spielen auch Mädchen eine wichtige Rolle in Bennis neuem Leben.
Nach einem Jahr zieht er zu seinem Vater – seine Noten sind immer noch schlecht. Aber er hat einiges über das Leben gelernt und freut sich, eine neue Chance zu bekommen.

Wahrscheinlich ist es zehn. Ich weiß es nicht. Draußen ist es schon finstere Nacht.
Ich sitze auf dem Fenstersims und gucke hinaus.
Neben mir sitzt Janosch. Er raucht.
„Kannst du mir mal was sagen, Janosch?“, frage ich.
„Ich kann dir vieles sagen“, antwortet er.
„Nicht vieles“, erwidere ich. „Nur das eine: Wie fühlt es sich an, nicht behindert zu sein? Nicht schwach? Nicht leer? Wie fühlt es sich an, mit der linken Hand über einen Tisch zu streichen? Fühlt man das Leben?“
Janosch überlegt. Er streicht mit der linken Hand über den Sims.
„Ja. Ja, man fühlt das Leben.“ Er schluckt. Dann zieht er an der Zigarette. Ein roter Punkt glimmt in seinem Gesicht.
„Und wie fühlt es sich an?“
„Es fühlt sich eben nach Leben an!“, sagt er. „Im Grunde nicht anders, als wenn man mit der rechten Hand darüber streicht.“
„Aber es ist doch toll, oder nicht?“, möchte ich wissen.
„Ich habe nie darüber nachgedacht“, entgegnet Janosch.
„Aber genau das ist es eben: Leben heißt soviel wie *nie darüber nachdenken.*“

c Wie findet ihr die Erklärung von Benni, was Leben heißt? Würdet ihr die Frage anders beantworten? Sprecht zu dritt.

Ich würde das anders erklären. Leben heißt für mich …

d Lest den nächsten Abschnitt. Welche Probleme könnte Benni meinen? Sprecht in der Klasse.

„Ich will nicht behindert sein", flüsterte ich. „Nicht so."
„Wie dann?" Janosch schaut mich fragend an.
„Ich möchte wissen, was ich bin", antworte ich. „Alle wissen es: Ein Blinder kann sagen, er ist blind; ein Tauber kann sagen, er ist taub; und ein Krüppel kann verdammt noch mal sagen, er ist ein Krüppel. Ich kann das nicht. Ich kann nur sagen, ich bin halbseitengelähmt. Oder ich bin ein Halbseitenspastiker. Wie hört sich das denn an? Die meisten Menschen halten mich ohnehin für einen Krüppel. Und die wenigen anderen halten mich für einen ganz normalen Menschen. Und ich kann dir sagen, das bringt manchmal noch viel mehr Probleme mit sich."

Die anderen Leute nehmen ihn mit seiner Behinderung nicht ernst.

10 Gleiche Konsonanten an der Wortgrenze

1.33

a Hört die Ausdrücke. Achtet auf die markierten Buchstaben. Hört ihr einen Laut oder zwei? Notiert im Heft.

1. weiße**r R**ock
2. weiße**r M**antel
3. weiße**m M**antel
4. mei**n N**ame
5. de**m N**amen
6. de**m M**ann
7. de**n M**ann
8. hunder**t T**age
9. el**f T**age

ein Laut	zwei Laute
1, …	

1.34

b Hört die Ausdrücke und lest laut mit.

1. weißer Rock
2. der Ring
3. weißem Mantel
4. dem Mann
5. mein Name
6. den Norden
7. hundert Tage
8. echt toll

1.35

c Lest die Sätze laut und hört zur Kontrolle.

1. Mein Name ist Olaf Fischer.
2. Ich bin noch nie in Norwegen gewesen.
3. Es soll dort total toll sein – aber sehr kalt.
4. Mit meinem Mantel wäre es sicher warm genug.

11 Eine Buchpräsentation

a Welches Buch gefällt euch? Bereitet euch zu diesen Punkten vor. Macht Notizen.

1. Wer ist der Autor? Gibt es noch andere bekannte Bücher von ihm/ihr?
2. Was passiert im Buch?
3. Welchen Textabschnitt möchtest du vorlesen?
4. Was hat dir besonders gut gefallen?
5. Wem kannst du das Buch empfehlen?

b Ordnet die Ausdrücke den Punkten aus 11a zu. Notiert im Heft.

Er/Sie ist berühmt für das Buch … • Mir hat das Buch gut gefallen, weil … •
Das Buch handelt von … • Diesen Abschnitt finde ich besonders interessant, weil … •
Ich denke, das Buch ist genau richtig, wenn ihr gern … lest. •
Der Autor heißt … und kommt aus … • In dieser Erzählung geht es um … •
Ich finde das Buch super, weil … • Ich möchte euch einen Abschnitt vorlesen.

zu Punkt 1: Der Autor heißt … und kommt aus …

c Bereitet eure Präsentation vor. Denkt auch an Einleitung und Schluss.

Einleitung:
– Warum habt ihr das Buch gewählt?
– Was ist das Besondere an diesem Buch?

Schluss:
– Dankt für das Interesse.
– Haben die anderen noch Fragen?

d Denkt bei der Präsentation an folgende Tipps. Welche Tipps gelten auch für die Zuhörer? Kennt ihr noch weitere Tipps? Sammelt in der Klasse.

1 *Sprecht laut und deutlich.*

2 *Schaut nicht an die Decke oder aus dem Fenster.*

3 *Zeigt eure Begeisterung.*

4 *Lest gut vor.*

5 *Schaut den Zuhörern ins Gesicht.*

6 *Gebt den anderen Zeit für Fragen.*

Für die Präsentation | *Für die Zuhörer*

e Präsentiert eure Bücher. Welches Buch interessiert die meisten? Macht eine Abstimmung in der Klasse.

Crazy IIII
Harry Potter ~~IIII~~ III

Kannst du das schon?

eigene Meinung äußern

- Meiner Meinung nach …
- Das ist wichtig/langweilig/egal/originell/…, weil …
- Das ist doch verrückt.
- Dafür gibt es mehrere Gründe.

Adjektive mit unbestimmtem Artikel

- Ihr stehen enge Jeans und coole Sweatshirts am besten.
- Der Lehrer trägt eine rote Hose, ein blaues Hemd und einen grauen Anzug.
- Mit einem langen Mantel und einer warmen Mütze ist ihm nie kalt.

Adjektive mit bestimmtem Artikel

- Der tolle Computer / Das coole Handy / Die schöne Musik gefällt mir.
- Sie hat den teuren MP3-Player / das coole Handy / die neue CD verloren.
- Er spielt mit dem kleinen Bruder / der kleinen Schwester / den kleinen Geschwistern am tollen Computer.

einen Kommentar schreiben

- Ich fühle mich super, wenn …
- Super ist für mich, …
- Das ist die coolste Zeit, wenn …
- Mein größter Traum ist, …

Adjektivendung: Komparativ und Superlativ

- Der coolste Tag im Jahr ist mein Geburtstag.
  Das coolste Fest war im letzten Sommer.
  Die coolste Sache ist Skaten.
- Ich habe zum Geburtstag das tollste Geschenk / den lustigsten Film / die leckerste Torte bekommen.
- Mit dem besten Freund / der besten Freundin / den besten Freunden macht alles Spaß.
- Auch in einem schwierigeren Test mache ich keinen Fehler.

ein Buch präsentieren

- Der Autor des Buches heißt … und kommt aus …
- Im Buch geht es um … / Das Buch handelt von …
- Mir hat das Buch gefallen, weil … / Ich finde das Buch super, weil …
- Ich empfehle das Buch für …

- Das ist Geschmackssache!
- Das ist ja krass!
- Kannst du mir mal was sagen?

Noch einmal, bitte

eigene Meinung äußern

Wie findet ihr Markenkleidung/Second-Hand-Kleidung?

Sagt je zwei Sätze.

Adjektive mit unbestimmtem Artikel

Beschreibt drei Personen in der Klasse. Was tragen sie heute?

Adjektive mit bestimmtem Artikel

Ergänzt die Sätze:

Sie hat (toll: MP3-Player, Handy, CD) verloren.

Er spielt mit (klein: Bruder, Schwester, Geschwister) am Computer.

einen Kommentar schreiben

Was findet ihr in den Ferien super? Schreibt einen Kommentar.

Adjektivendung: Komparativ und Superlativ

Ergänzt die Endungen:

Der cool… Tag im Jahr ist mein Geburtstag.
Ich habe die lecker… Torte bekommen.
Mit den best… Freunden macht alles Spaß.

ein Buch präsentieren

Erzählt einem Partner / einer Partnerin von einem Buch, das euch gefällt.

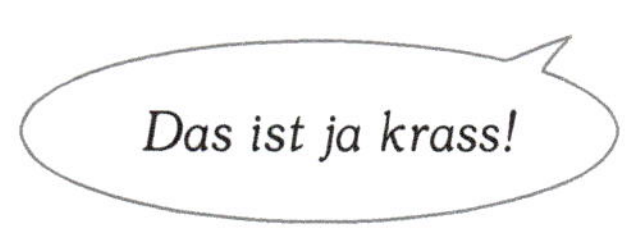

6

Wir lernen:
Vermutungen ausdrücken | etwas beschreiben | sich passend ausdrücken | Abkürzungen verstehen
Relativsätze mit Präpositionen | Präteritum (I): regelmäßige Verben

Kommunikation

1 Da fehlt doch was!

a Was machen die Personen? Ordnet die Ausdrücke den Bildern zu und beschreibt.

Vera und ihre Schwester

Dario

Karina und ihre Freundin

die Rucksäcke packen • dekorieren • einen Ausflug planen • eine Party vorbereiten • eine Präsentation am Computer vorbereiten • die Tische aufstellen • einen Vortrag / ein Referat für die Schule machen • die Campingausrüstung checken • Informationen sammeln • Musik hören

Vera und ihre Schwester bereiten eine Party vor. Sie …

b Fehlt den Jugendlichen etwas? Notiert zu jedem Bild eine Vermutung.

Wahrscheinlich fehlt Vera …
Eventuell braucht Vera auch …
Dario sucht vielleicht …
Karina und ihre Freundin brauchen sicher …

Vermutungen
bestimmt/sicher
wahrscheinlich
vielleicht
eventuell

1.36

c Hört die Radiosendung. Was brauchen die Personen wirklich?

Vera braucht …

d Wo sucht ihr Hilfe, wenn ihr etwas braucht? Sammelt in der Klasse.

im Klassenforum, …

2 Ich brauche dringend …

a Lest die Texte. Was brauchen die Leute und warum?

A

Dringend! Gesucht! Alte Fotos von Maxhausen!!!
Unser Geschichtsprojekt ist super. Aber die Bilder sind eine Katastrophe. Ist deine Oma oder dein Opa aus Maxhausen? Haben sie vielleicht alte Fotos oder Karten im Keller? Bitte frag sie! Ich passe supergut auf!!!
Isabella 0157 29183764

B

```
Hey Freaks!
Brauche dringend einen
Zauberstift. Ganz
schnell! Man kann die
Schrift nur kurz
lesen, dann ist sie
fort. Bitte!! Samuel

Optionen   Weiter   Zurück
```

C

Wer hat einen Kletterbaum, den er nicht mehr braucht? Meine kleine Katze Minka sagt danke!
Eva 0487-1357972

Eva 0487-1357972 | *Eva 0487-1357972* | *Eva 0487-1357972* | *Eva 0487-1357972* | *Eva 0487-1357972* | *Eva 0487-1357972* | *Eva 0487-1357972*

D

Einstein 2.0
Ich habe eine Prüfung in Mathe! Total schwer, aber ich will sie schaffen. Wer hat schon mal die Wiederholungsprüfung für die 8. Klasse bei Adam Zwerg gemacht? Und geschafft!?! Ich bin sooooo verzweifelt. Wer kann mir helfen?

Samuel braucht einen Zauberstift.

Ich glaube, er möchte in der Prüfung schummeln.

b Ordnet zu. Zu welchem Problem aus 2a passen die Antworten?

1. Ich habe einen Stift,
2. Ich kann dir das Heft leihen,
3. Wir haben einen Kletterbaum,
4. Meine Oma hat Fotos,

a mit dem ich für die Prüfung gelernt habe.
b auf denen man viel vom alten Maxhausen sieht.
c mit dem man unsichtbar schreiben kann.
d auf den unsere Katze oft geklettert ist.

3 Erfindungen, auf die die Welt wartet

a Was wäre gut? Schreibt Relativsätze.

1. eine Brille: Man kann mit ihr durch Wände sehen.
2. ein Computer: Man kann mit ihm diskutieren.
3. Schuhe: Man kann mit ihnen viel schneller gehen.
4. ein Auto: Für das Auto braucht man keinen Fahrer.

1. eine Brille, mit der man durch Wände sehen kann

Relativsätze mit Präpositionen

der	für den	mit dem
das	für das	mit dem
die	für die	mit der
die	für die	mit **denen**

▸LHB **b Was wollt ihr erfinden? Was kann man damit tun? Sammelt Ideen in der Klasse.**

ein Auto	*Es fährt ewig.*	*Wir bauen ein Auto, das ewig fährt.*
	Man braucht keine Energie für das Auto.	*Wir erfinden ein Auto, für das man keine Energie braucht.*

6

4 Ein Projekt über Grenzen

a Was haben die Schüler gemacht? Ordnet das Material den Projektphasen zu. Es gibt mehrere Möglichkeiten.

(A) Kontakt herstellen → (B) Arbeit im Projekt planen → (C) sich informieren → (D) Ausflug machen → (E) Ergebnisse präsentieren

1

Tiere im alten Grenzstreifen: Das Grüne Band

Birkhuhn

Fischotter

Wolf

2

Von Cham nach Plzeň (Pilsen)

3

Die Grenze zwischen D – CZ

- **1945 – 1989:** „Eiserner Vorhang“, abgesperrtes Gebiet ohne Menschen, oft mehrere Kilometer breit
- **1989** Öffnung der Grenze
- seit **21. Dez. 2007** keine Grenzkontrollen mehr (= Schengen-Grenze)
- alter Grenzstreifen heute Naturschutzgebiet (= Grünes Band)

4

Unsere Idee: ein Projekt über Tiere im Grünen Band (die alte Grenze).
Unser Wunsch: Wir machen es gemeinsam mit euch!

5

Projektplan
Gruppe 1: Recherche „Grenze“
Gruppe 2: Verkehrsmittel nach Plzeň (Pilsen)

1. Treffen in Plzeň: 15. Mai
2. Treffen in Cham: 29. Mai

6

Wir finden eure Idee toll. Wenn wir mit euch arbeiten, können wir Deutsch reden. Unsere Lehrerin sagt, dass wir das brauchen. ☺

Ich glaube, Nummer 4 gehört zu „A Kontakt herstellen“. Die Schüler aus …

1.37

b Wie ist das Projekt entstanden? Hört das Interview. Sind die Sätze richtig oder falsch?

1. Die Schüler aus Cham hatten die Idee zum Projekt. Sie wollten draußen lernen.
2. Die deutschen Schüler haben den Kontakt mit der tschechischen Klasse hergestellt.
3. Den tschechischen Schülern hat die Idee gefallen.
4. Die tschechischen Schüler haben ihre Eltern gefragt, wie es früher war.
5. Die Schüler aus Pilsen haben Informationen im Internet gesucht.
6. Aus dem Projekt wollten die Lehrer eine Ausstellung machen.

5 Über die Grenze

a Lest den Zeitungsartikel und die Fragen. Welche Antwort ist richtig?

Über die Grenze: Ausstellung in Cham eröffnet

So viele Erwachsene gehen selten in die Schule. 120 Personen besuchten die Eröffnung der Ausstellung „Über die Grenze" von den Schülern der 8. Klasse des Therese-Giehse-Gymnasiums in Cham.

Biologielehrerin Rosa Wulff sagte bei der Eröffnung: „Ich wollte, dass meine Schüler die Tiere in unserer Umgebung aktiv kennenlernen, nicht nur aus Büchern und dem Internet. Die frühere Grenze ist eine wunderbare Gelegenheit dafür. Daraus ist aber viel mehr geworden. Die Schüler wollten mit Jugendlichen von der anderen Seite der Grenze gemeinsam arbeiten und sie haben alles selbst organisiert."

Bei der Eröffnung präsentierten Schüler aus Cham und aus Pilsen gemeinsam ihre Arbeiten. Die Klassensprecherin aus Pilsen begrüßte die Gäste auf Tschechisch und Deutsch.

„Wir konnten nur zusammenarbeiten, weil die Mitschüler aus Pilsen Deutsch lernen. Aus unserer Klasse können leider nur ein paar ein bisschen Tschechisch", sagte die Klassensprecherin Lea Span aus Cham.

„Am Anfang war das Thema Biologie. Aber dann haben wir schnell festgestellt, dass wir mehr Informationen brauchen: Warum war diese Grenze geschlossen? Warum gibt es heute diesen Streifen Natur, das Grüne Band? Wir haben viel von unseren Eltern und auch von anderen Leuten gelernt, mit denen wir geredet haben", berichtete die Schülerin Mirka Kowarova aus Pilsen.

Zum Schluss dankten die beiden Direktoren den Schülern und gratulierten ihnen: „Was wir heute sehen, ist euer Erfolg."

Die Ausstellung im Gymnasium in Cham ist bis zum 16. Juli geöffnet. Im Herbst kann man sie dann auch in Pilsen sehen. (bez, cham)

Stolz auf ihr gemeinsames Projekt: Lea Span und Mirka Kowarova.

1. Was sagte Frau Wulff bei der Eröffnung?
   A Die Schüler lernten viel aus Büchern und dem Internet.
   B Die Schüler organisierten das Projekt selbst.
2. Was machten die Schüler bei der Eröffnung?
   A Die Klassensprecherin aus Cham begrüßte die Gäste.
   B Schüler von beiden Schulen präsentierten ihre Arbeit.
3. Was passierte am Anfang des Projekts?
   A Die Schüler brauchten mehr Informationen.
   B Die Schüler redeten mit Lehrern und Direktoren.
4. Was war am Schluss der Eröffnung?
   A Die Besucher gratulierten den Schülern.
   B Die Direktoren dankten den Schülern.

b Ordnet die Ausdrücke und schreibt einen Bericht über das Projekt.

viele neue Sachen lernen
ein Projekt organisieren
mit anderen Schülern gemeinsam arbeiten
eine Ausstellung machen
mit vielen Leuten reden

Präteritum (I): regelmäßige Verben

	er/es/sie	sie
sagen	sag**te**	sag**ten**
organisieren	organisier**te**	organisier**ten**
arbeiten	arbeit**ete**	arbeit**eten**

Die Schüler aus Cham organisierten ein tolles Projekt. Gemeinsam mit ...

6 Unsere Partnerschule in Frankreich

1.38

a Hört das Gespräch von Keiko und Nadja. Beantwortet die Fragen in Stichpunkten.

1. Seit wann gibt es die Partnerschaft?
2. Wie oft schreiben sie sich?
3. Was haben sie schon zusammen gemacht?
4. Wann planen sie das nächste Treffen?
5. Wie kann Keiko mitmachen?

b Lest die E-Mail von Keiko. Warum schreibt Nadja „So geht das nicht."? Sprecht in der Klasse.

Von: naddi2408@gx.de
An: tashigixtsuno@ts.jp
Betreff: Re: Kann ich das so schreiben?

Hi Keiko,
entschuldige, wenn ich das so direkt sage ;-), aber du schreibst ja superhöflich! Schreibt ihr in Japan immer so? So geht das nicht. Ich helfe dir morgen, okay? Nadja

-----Ursprüngliche Nachricht-----
Von: tashigixtsuno@ts.jp
An: naddi2408@gx.de
Gesendet: heute, 14:23 Uhr
Betreff: Kann ich das so schreiben?

Liebe Nadja, könntest du bitte meine Mail lesen? Kann ich sie so an die Lehrerin in Frankreich schicken? Vielen Dank! Du bist ein Schatz! Keiko

Sehr geehrte Madame Ribot,
verzeihen Sie bitte, dass ich mich mit dieser Bitte an Sie wende. Ich bin seit einigen Wochen an der wunderbaren Schule in Glücksdorf und habe daher erst heute von der interessanten Partnerschaft mit Ihrer Schule erfahren.
Ich bewundere Ihre Arbeit und möchte Ihnen meinen großen Respekt mitteilen. Französisch ist nicht nur mein Lieblingsfach, sondern auch meine innige Leidenschaft. Mit dem größten Vergnügen würde auch ich gerne an diesem erfolgreichen Projekt teilnehmen.
Natürlich weiß ich, dass dies für Sie sehr viel Arbeit bedeutet, und wenn es für Sie nicht möglich ist, dann habe ich das größte Verständnis. Dennoch wäre ich mehr als dankbar, wenn Sie für mich eine E-Mailpartnerin finden könnten.
Für eine baldige Antwort wäre ich Ihnen sehr verbunden.
Hochachtungsvoll
Keiko Tanaka

c Arbeitet zu zweit und ändert die E-Mail von Keiko. Der Kasten hilft. Einige Wörter und Sätze in der E-Mail kann man streichen.

Aber ich würde mich freuen, wenn Sie für mich eine E-Mailpartnerin finden könnten. • Wenn das nicht möglich ist, dann verstehe ich das natürlich. • Mit freundlichen Grüßen • entschuldigen Sie bitte, dass ich an Sie schreibe. • Ich finde toll, dass Sie diese Partnerschaft organisieren. • Vielen Dank für eine schnelle Antwort. • Deshalb würde ich gern an dem Austausch teilnehmen. • Französisch ist nicht nur mein Lieblingsfach, sondern auch mein Hobby.

7 Chat mit der französischen Partnerin

a Lest das Chatgespräch von Nadja und Marie. Über was schreiben sie?

Naddi2408:	Salut Marie
M@rie:	Hallo!
Naddi2408:	Alles klaro?
M@rie:	?
Naddi2408:	Der Deutschtest?
M@rie:	*ächz* – ganz schön schwer!
Naddi2408:	Deutsch is eben schwer ☺
M@rie:	Du kannst es ja schon …
Naddi2408:	Aber Franz is nich leichter. ☹
M@rie:	Is doch ganz leicht!
Naddi2408:	lol. Große Neuigkeit!
M@rie:	wasislos?
Naddi2408:	Wir haben ne Neue in der Klasse. Kommt aus Japan.
M@rie:	8-o Japan? Cool. Nett?
Naddi2408:	Total. Spricht auch super Deutsch – und Französisch.
M@rie:	Wie heißt sie denn?
Naddi2408:	Keiko.
M@rie:	OMG! Andere Länder, andere Namen … ☺
Naddi2408:	Sie will auch mit nach F.
M@rie:	Bonne chance.
Naddi2408:	muss los.
M@rie:	wie schaaade!
Naddi2408:	melde mich asap!
M@rie:	Freu mich. knuddel!

A Über eine Prüfung in Französisch.
B Über eine neue Schülerin.
C Über eine Reise nach Japan.
D Über den Schüler Franz.

b Arbeitet zu zweit. Ordnet die Sätze den passenden Abkürzungen und Zeichen im Chat zu.

1. Wie geht es dir?
2. Ich verstehe nicht.
3. Das ist anstrengend.
4. Aber Französisch ist nicht leichter.
5. Ich bin traurig.
6. Lautes Lachen
7. Was ist los?
8. Ich bin erstaunt.
9. Oh mein Gott.
10. Viel Glück.
11. Ich muss jetzt losgehen.
12. so bald wie möglich
13. Ich umarme dich.

„Alles klaro?" bedeutet „Wie geht es dir?".

8 Viele Konsonanten

Lest die Wörter erst langsam und dann immer schneller.

1.39 **a Hört die Wörter und sprecht mit.**

1.40 **b Lest die Wörter und hört zur Kontrolle.**

1. der Grenzstreifen
2. der Zeitungsartikel
3. der Deutschtest
4. das Geschichtsprojekt
5. die Klassensprecherin
6. die Wiederholungsprüfung

9 Der HDL-Song von Jasper

a Lest die Strophen aus dem Lied über die Internet- und SMS-Sprache. Wie findet der Sänger diese Sprache?

Heut' muss ich dir mal was sagen, was ich echt nicht gerne tu.
Ich fühl mich mental geschlagen und der Grund dafür bist du.
Oder vielmehr deine Sprache oder was du Sprache nennst,
denn ich frag mich, bitte lach nicht, ob du auch ganze Sätze kennst.
Wenn ich etwas witzig finde, nenn ich's „lustig" oder „toll",
doch mein Verlegenheitsgegrinse kommentierst du nur mit *lol*
[...]

Ich sag nur: H D G D L F I U E B A E D.
Wie, das kannst du nicht verstehen? Tja, dann kauf dir noch 'n W!
„Freu mich, dich wiederzusehen!", das sagst du so, wie man es spricht.
Ich sag „C Y A" in dein sprachloses Gesicht.
Du, deine Smileys sind echt klasse, ich weiß bloß nie, was du meinst.
Und wenn ich eines wirklich hasse, dann dein Chatting-Einmaleins!
Beginnt mit A wie *achselzuck*, soll heißen: „Ich weiß nicht Bescheid."
Hört auf mit Z wie *zornig-guck*, ich übersetz' das mal mit „Neid".
Willst du dich bei wem bedanken, machst du höflich einen Knicks.
Ich steh jenseits dieser Schranken und sag lässig „T H X".

Verlegenheit = Gefühl, dass mir etwas peinlich ist

Gegrinse = Grinsen 

Achselzuck 

Zornig-Guck 

Neid 

Knicks 

Schranke 

lässig = cool

1.41 **b Hört das Lied. Wie gefällt es euch?**

c Hört das Lied noch einmal. Welche Abkürzungen hört ihr? Notiert im Heft.

OMG (oh mein Gott) • NP (no problem = gern geschehen) • LG (liebe Grüße) • HDL (hab dich lieb) • ROFL (rolling on the floor laughing) • BTW (by the way = übrigens) • KP (kein Plan = keine Ahnung) • BB (bis bald) • LOL (laughing out loud = lautes Lachen) • SRY (sorry = Entschuldigung) • ASAP (as soon as possible = so bald wie möglich) • MOM (Moment)

d Lest die Kommentare zum Lied aus dem Internet. Arbeitet zu zweit und schreibt selbst einen Kommentar.

- Also, ich find dich und den Song echt cool.
- Seine Lieder find ich wirklich sehr gut. Und man lernt etwas über Abkürzungen ;)
- 948 Personen haben „mag ich nicht" geklickt ... wahrscheinlich schreiben sie selber so und sind jetzt beleidigt. Rofl!
- Das Lied ist o. k., aber ich kenne niemanden, der so schreibt oder spricht!
- Toller Text + tolle Stimme = Hammerlied ☺☺☺

10 Abkürzungen

Arbeitet zu dritt und erfindet Abkürzungen. Lest sie in der Klasse vor. Die anderen raten.

DS

Danke schön.

Kannst du das schon?

Vermutungen ausdrücken

- Bestimmt/Sicher möchte Vera eine Party machen.
- Wahrscheinlich läuft gute Musik.
- Vielleicht wird es eine Überraschungsparty.
- Eventuell kommen viele Gäste.

etwas beschreiben

- Ich brauche dringend einen Stift. Man kann die Schrift nur kurz lesen.
- Wir brauchen Fotos. Auf den Fotos sieht man Menschen von früher.

Relativsätze mit Präpositionen

- Ich hätte gern einen Computer, mit dem ich diskutieren kann.
- Sie will ein Buch, mit dem sie Filme ansehen kann.
- Er möchte eine Brille, mit der man durch Wände sehen kann.
- Ich wünsche mir jeden Tag neue Jeans, für die ich nichts zahlen muss.

Präteritum (I): regelmäßige Verben

- Die Schüler aus Cham und Pilsen arbeiteten gemeinsam.
- Die Schüler lernten viel durch das Projekt.
- Der Direktor gratulierte den Schülern zum Erfolg.

sich passend ausdrücken

Sehr geehrte Frau Ribot – Liebe Frau Ribot
Verzeihen Sie mir. – Entschuldigen Sie bitte.
Ich habe das größte Verständnis. – Ich verstehe das.
Für eine baldige Antwort wäre ich Ihnen sehr verbunden. – Vielen Dank für eine schnelle Antwort.
Hochachtungsvoll – Mit freundlichen Grüßen

Abkürzungen verstehen

lol – lautes Lachen
OMG – Oh mein Gott!
KP – kein Plan
knuddel – ich umarme dich
HDL – Ich habe dich lieb
LG – liebe Grüße

- So geht das nicht.
- Du bist ein Schatz!
- Wie schade!

Noch einmal, bitte

Vermutungen ausdrücken

Ihr feiert bald eine Party. Vermutet, was passiert? Macht drei Sätze.

etwas beschreiben

Beschreibt zwei Dinge, die ihr gern hättet.

Relativsätze mit Präpositionen

Macht Relativsätze:
Ich möchte …

-  *Ich kann mit ihm Filme ansehen.*
-  *Ich kann mit ihr durch Wände sehen.*
-  *Ich muss für sie nichts zahlen.*

Präteritum (I)

Schreibt drei Sätze im Präteritum mit *arbeiten, lernen, gratulieren.*

sich passend ausdrücken

Sagt die Sätze einfach.
Verzeihen Sie mir.
Ich habe das größte Verständnis.
Ich wäre Ihnen sehr verbunden.

Abkürzungen verstehen

Schreibt eine SMS. Verwendet fünf Abkürzungen.

So geht das nicht.

7

Wir lernen:
über Vergangenes sprechen | eine Geschichte erzählen und schreiben
Präteritum (II): unregelmäßige Verben | Sätze mit *als* | Sätze mit *bis*

Geschichte(n)

„Avatar": neue Dimensionen

1 Bilder erzählen Geschichten.

1.42

a Welcher Film könnte das sein?
Hört das Filmquiz im Radio und ordnet zu.

Der erste Film gehört zu Bild …

„Nosferatu" – große Gesten ohne Worte

12 Minuten lang – der erste Film von Edwin S. Porter, „Der große Eisenbahnraub"

Marilyn Monroe, der Mythos aus „Manche mögen's heiß"

Micky Maus spricht zum ersten Mal.

„Titanic" gewinnt 11 Oscars.

b Zu welchen Bildern passen die Texte? Notiert die Filmtitel.

1 Das war der erste Western. Und es war der erste Film, der eine komplette Geschichte erzählte. Er entstand 1903.

2 1922 wurde dieser Film fertig. Die Schauspieler sprachen zwar, aber man hörte sie nicht. Ein Musiker spielte im Kino Klavier.

3 Am 18. November 1928 kam diese Figur auf die Welt. Ihr Vater war Walt Disney. Er gab der Figur auch seine Stimme.

4 Sie war der blonde Filmstar der 50er-Jahre. Zu ihrem Mythos gehört ihr früher Tod 1962, als sie gerade 36 Jahre alt war.

5 Die traurige Liebesgeschichte gewann 1998 elf Oscars. Bei keinem anderen Film weinten so viele Zuschauer im Kino.

6 Der Film kombinierte Schauspieler im Studio und Animation am Computer. Außerdem gab es moderne 3-D-Technik.

1C Der große Eisenbahnraub

c Ergänzt die Verben im Präteritum. Schreibt die Sätze ins Heft.

1. Der erste Western … 1903.
2. „Nosferatu" … 1922 fertig.
3. 1928 … Micky und Minnie auf die Welt.
4. Marilyn Monroe … eigentlich Norma Jeane Baker.
5. Das Glück von Rose und Jack auf der Titanic … schnell zu Ende.
6. Keinen Film … mehr Leute als „Avatar".

1. Der erste Western entstand 1903.

Präteritum (II): unregelmäßige Verben

	er/es/sie	**sie**
entstehen	entstand	entstanden
gehen	ging	gingen
heißen	hieß	hießen
kommen	kam	kamen
sehen	sah	sahen
werden	wurde	wurden

2 Das hat mir einmal gefallen …

a Was machen die Jungen? Sammelt in der Klasse.

DIE POWERBRÜDER OCHSENKNECHT

Wilson Gonzalez und Jimi Blue Ochsenknecht

Ich denke, sie sind Schauspieler.

b Lest die Aussagen. Was hat Luca und Fabian früher gefallen? Warum?

Ich habe alle „Wilden Kerle"-Filme gesehen, als ich 10 war. Das war eine Clique, die sich immer auf dem Fußballplatz getroffen hat. Ihre Fahrräder waren super. Ich wollte auch ein Fahrrad haben, das so laut wie ein Motorrad ist! Marlon war der Beste, darum habe ich auch Wilson Gonzalez so toll gefunden.

Ich habe nur ein bisschen Fußball gespielt, ich war nicht gut. Aber ich wollte so gut sein wie Leon, der Chef der „Wilden Kerle". Deshalb habe ich auch Jimi Blue geliebt, der Leon gespielt hat. Vor ein paar Tagen habe ich eine DVD angesehen: Ich kann gar nicht glauben, dass mir das einmal gefallen hat.

c Welche Filme haben euch früher gut gefallen? Was für Musik habt ihr gehört? Was denkt ihr heute? Erzählt in Gruppen.

… habe ich geliebt. … habe ich vier Mal gesehen.

… finde ich immer noch gut.

Erzählen mündlich
Präteritum bei diesen Verben:
ich war, hatte, wurde
ich wollte, konnte, musste …

Perfekt bei allen anderen Verben:
ich habe gemacht
ich bin gegangen

3 Karriere eines Kinderstars

a Lest den Text. Macht dann eine Zeitleiste mit den wichtigen Informationen.

Vom Kinderstar zum reifen Schauspieler

13

Wilson Gonzalez Ochsenknecht ist Schauspieler, ebenso wie sein Vater und sein Bruder. Das ist keine Überraschung. Eine Überraschung ist, welche Filme er schon gemacht hat. Er ist ein großer Schauspieler geworden.
Wilson Gonzalez war kaum 10 Jahre alt und spielte schon in seinem ersten Film, gemeinsam mit seinem Vater Uwe Ochsenknecht und seinem damals achtjährigen Bruder Jimi Blue. Der Film war ein großer Erfolg. Bald danach wurde er ein „wilder Kerl". „Die wilden Kerle" war eine Filmreihe über eine Clique von Jugendlichen – der junge Schauspieler war gerade 13 Jahre alt. Als drei Jahre später auch der vierte Teil der Serie fertig war, wollte Wilson Gonzalez kein „wilder Kerl" mehr sein. Er wollte etwas Neues machen.
Deshalb ging er für ein Jahr in die USA und besuchte eine Kunstschule. Er begann, sich stärker für Musik zu interessieren. Als er aus den USA zurückkam, entstanden die ersten Raptexte. Zwei Jahre später erschien das erste Album mit seiner Band „Heads On The Rocks". Es hieß „Cookies". Ein Jahr darauf zog er von München nach Berlin in „seine Stadt", wie er sagt. „Frühlingserwachen" war sein erster Berliner Film und wurde ein großer Erfolg. Und jetzt, im ersten Jahr in Berlin, beginnt Wilson Gonzalez Ochsenknecht das nächste Projekt: Er steht zum ersten Mal hinter der Kamera und ist selbst Regisseur.

mit 10 Jahren	mit 13	mit 16	mit 19	mit 20
der erste Film				

b Wie alt war Wilson Gonzalez? Schreibt Sätze im Präteritum mit *als*.

1. Er spielt in seinem ersten Film.
2. Er wird ein „wilder Kerl".
3. Er geht in die USA in eine Kunstschule.
4. Das erste Album erscheint.
5. Er zieht nach Berlin.

Sätze mit als

Wilson Gonzalez war 10 Jahre alt.
Er spielte in seinem ersten Film.

Als Wilson Gonzalez 10 Jahre alt war, spielte er in seinem ersten Film.

c Was kann ein Kinderstar (nicht) machen? Sprecht in der Klasse.

in einem Verein Sport machen • dauernd shoppen gehen • mit Freunden abhängen • Party machen • in Hotels schlafen • …

4 Wer bin ich?

LHB

Spielt in der Klasse.

Jeder schreibt einen Filmstar oder eine Filmfigur auf einen Zettel. Klebt den Zettel einem Mitschüler/einer Mitschülerin auf den Rücken. Geht in der Klasse herum und stellt Ja-/Nein-Fragen. Bei „Ja" dürft ihr die gleiche Person noch einmal fragen, bei „Nein" müsst ihr weitergehen und jemand anderen fragen. Wer weiß zuerst, wer er ist?

5 So ein Tag aber auch!

a Was hatten Kolja und Robbie wahrscheinlich vor? Erzählt in der Klasse.

schulfrei haben • auf ein Konzert gehen • an den See gehen • nicht lernen • zum Straßenfest gehen • sich einen schönen Tag machen • grillen • gute Sachen zum Essen und Trinken mitnehmen • Keiko und ihre Freundin Anna treffen • Musik hören • Parkour trainieren • schwimmen • die Parkourshow von Profis sehen

Kolja hatte wahrscheinlich einen Tag schulfrei. Er wollte …

Robbie wollte vielleicht …

b Arbeitet in Gruppen. Wählt ein Bild und erzählt eine Geschichte: Was ist passiert? Warum konnten Kolja und Robbie nicht machen, was sie wollten?

1

2

3

4

5 Eure Idee?

… hatte Pech. Eine Wespe hat … gestochen. Deshalb …

… durfte nicht weggehen. Der Vater … und … musste Rasen mähen …

1.43

c Was sagen Kolja und Robbie? Wählt passende Aussagen aus.

1. Am Vormittag musste Kolja für die Physik- und Biologietests lernen.
2. Kolja hat das Picknick am See vorbereitet.
3. Kolja konnte Keiko nicht anrufen, weil er ins Krankenhaus musste.
4. Robbie hat mit seinem Vater den Opa besucht.
5. Robbie hat im Haus und im Garten von seinem Opa gearbeitet.
6. Weil Robbie früh zurück war, konnte er das Konzert von „Kulturschock" hören.

6 Die Geschichte von Klaus Störtebeker

a Lest den Text und die Beschreibungen. Ergänzt die Begriffe *Held, Pirat* und *Denkmal*.

Mitten im Hamburger Hafen steht seit 1982 ein Denkmal auf einem Stein. Es ist ein einfacher Mann mit Bart. Er trägt nur eine Hose und blickt über die Schulter. Die Hände sind zusammengebunden. Das Denkmal zeigt Klaus Störtebeker. Klaus Störtebeker war ein Pirat. Aber warum bekommt ein Pirat ein Denkmal? Er ist ein Held, den die Menschen nicht vergessen haben. Seine Geschichte gehört zu Hamburg genauso wie der Hafen, wo sein Denkmal steht.

1. Ein ist eine Person, die viele Menschen bewundern.
2. Ein erinnert an eine Person oder an ein Ereignis.
3. Seeleute haben Angst vor , denn sie überfallen andere Schiffe und nehmen die Waren weg.

b Lest den ersten Teil der Geschichte. Welcher Textabschnitt passt zu welchem Bild?

Klaus Störtebeker war Seemann und Kapitän, aber dann wurde er Pirat. Vor mehr als 600 Jahren überfiel er mit seinen Männern in der Nordsee und Ostsee viele Schiffe und nahm den Seeleuten die Waren weg. Er wollte nicht selbst reich werden, sondern er verkaufte die Waren und verteilte das Geld an seine Mannschaft und an die Armen.

Die reichen Kaufleute von Hamburg verloren also ihre Waren und manchmal sogar ihre Schiffe. Sie sprachen mit dem Bürgermeister, denn sie wollten Störtebeker fangen.

Dann schickten sie zwei große, neue Schiffe mit vielen Soldaten, die sie bezahlten. Es dauerte ziemlich lange, bis die Soldaten Klaus Störtebeker und seine 73 Männer fanden.

Es gab einen schrecklichen Kampf auf dem Meer, den Störtebeker schließlich verlor. Die Soldaten brachten ihn und seine Mannschaft als Gefangene nach Hamburg.

B

A

C

D

c Lest die Geschichte fertig. Beantwortet die Fragen.

Der Richter sprach ein schreckliches Urteil gegen Klaus Störtebeker und seine Männer: „Alle müssen sterben." Am 20. Oktober 1401 sollte der Henker allen Piraten den Kopf abschlagen.
Klaus Störtebeker und seine Mannschaft standen in einer Reihe. Er war der Erste. Er hatte noch eine letzte Bitte an den Bürgermeister und den Richter. Er wollte, dass jeder Pirat leben darf, an dem er ohne seinen Kopf vorbeilaufen konnte. Der Bürgermeister und der Richter waren einverstanden.
Der Henker schlug Klaus Störtebeker den Kopf ab. Dieser lief an 11 Männern vorbei, bis ihm der Henker ein Bein stellte und er auf den Boden fiel. Aber der Bürgermeister hielt sein Versprechen nicht. Der Henker tötete alle 73 Männer.

Das ist die Geschichte von Klaus Störtebeker: Er war ein Pirat und ist ein Held geworden. Deshalb bekam er 600 Jahre später in Hamburg ein Denkmal.

1. Welche Strafe bekamen die Piraten?
2. Wann starben die Männer?
3. Mit wem hat Störtebeker gesprochen?
4. Wie viele Männer konnte er retten?
5. Wer hielt sein Versprechen nicht?
6. Was ist Störtebeker heute?

d Die Geschichte in fünf Sätzen. Was passt zusammen? Schreibt Sätze mit *bis*.

Störtebeker bekam ein Denkmal. • Die Kaufleute schickten Soldaten. • Er wurde Pirat. • Der Henker stellte ihm ein Bein. • Sie besiegten Störtebeker.

1. Störtebeker war Seemann und Kapitän, …
2. Er überfiel so lange Schiffe, …
3. Die Soldaten mussten lange kämpfen, …
4. Er lief so lange ohne Kopf, …
5. Es dauerte fast 600 Jahre, …

1. Störtebeker war Seemann und Kapitän, bis er Pirat wurde.

Sätze mit bis

Störtebeker war Seemann und Kapitän.
Er wurde Pirat.

Störtebeker war Seemann und Kapitän, **bis** er Pirat wurde.

7 Lange und kurze Vokale

1.44

a Sind die markierten Vokale lang _ oder kurz .? Notiert im Heft. Hört zur Kontrolle.

1. gehen – ging – gegangen
2. sprechen – sprach – gesprochen
3. bringen – brachte – gebracht
4. kommen – kam – gekommen

1. gehen – ging –

1.45

b Hört und sprecht mit.

1. geben – gab – gegeben
2. ziehen – zog – gezogen
3. werden – wurde – geworden
4. halten – hielt – gehalten

8 Es ist anders gekommen.

a Kennt ihr Geschichten zu Helden oder Denkmälern? Sammelt in der Klasse.

b Bildet Gruppen. Überlegt euch eine Geschichte. Sammelt Stichworte und ordnet sie den Teilen A–D zu. Sucht auch einen Titel für die Geschichte.

A
Kurze Einleitung:
- Was möchtet ihr erzählen?
- Wo war das?
- Wann?
- Wer war dabei?

B
Erzählt länger und genauer:
- Was war los?
- Was ist passiert?
- Was hat die Hauptperson gemacht oder gedacht?

C
Das Wichtigste:
- Was wurde anders?
- Was hat die Hauptperson gefühlt?

D
Kurzer Schluss:
- Warum ist die Geschichte wichtig?

c Zu welchem Teil A–D passen diese Ausdrücke? Ordnet zu.

Es war einmal … • … hatte Angst. • Ein paar Tage/Monate/Jahre später … •
An diesem Tag … • Plötzlich … • Deshalb ist heute … •
Es war schön/schrecklich/gefährlich … • Vor vielen Jahren … •
… war überrascht. • Schließlich … • Es war ein besonderer Tag, weil … •
Wir möchten heute die Geschichte von … erzählen. • Die Geschichte zeigt, dass … •
Dies ist die Geschichte von … • … ist sehr bekannt/berühmt.

d Schreibt eure Geschichte auf. Lest sie in der Klasse vor.

Das ist die Geschichte von …
Vor vielen, vielen Jahren ging …

Erzählen schriftlich
Präteritum bei allen Verben:
er/es/sie machte, sagte …
er/es/sie kam, ging, dachte …

Kannst du das schon?

über Vergangenes sprechen
- Ich war ein Fan von …
- Ich habe … / die Filme von … geliebt.
- Ich hatte mit den Filmen / der Musik von … viel Spaß.
- Ich habe … im Fernsehen toll gefunden.
- Ich habe immer … gesehen/gehört.
- Bei der Musik von … wurde es mir nie langweilig.
- Ich konnte alle Lieder von … singen.

Präteritum (II): unregelmäßige Verben
- Marylin Monroe hieß eigentlich Norma Jeane Baker.
- Der Film „Avatar" entstand 2009.
- Micky und Minnie Mouse kamen 1928 auf die Welt.
- Der Film „Titanic" gewann elf Oscars.

Sätze mit als
- Als Wilson Gonzalez 10 Jahre alt war, spielte er in seinem ersten Film.
- Als er 13 Jahre alt war, wurde er ein „Wilder Kerl".
- Als er 16 war, ging er für ein Jahr in die USA.
- Als er 19 war, zog er nach Berlin.

Sätze mit bis
- Störtebeker war ein Seemann, bis er ein Pirat wurde.
- Er überfiel Schiffe, bis die Kaufleute Soldaten schickten.
- Störtebeker lief so lange, bis der Henker ihm ein Bein stellte.
- Es dauerte 600 Jahre, bis Störtebeker ein Denkmal bekam.

eine Geschichte schreiben
- Zuerst wollte Robbie zum Straßenfest gehen.
- Doch sein Vater erlaubte es nicht.
- Robbie musste dem Vater helfen.
- Er fuhr also in Opas Garten und mähte den Rasen.
- Robbie war sehr sauer, denn er konnte die Bands auf dem Straßenfest nicht hören.
- Als er später ins Jugendzentrum ging, erzählte er Kolja von seinem Tag.

- Es war einmal …
- … finde ich immer noch gut.
- Er hatte ganz schön Pech.

Noch einmal, bitte

über Vergangenes sprechen
Was hat euch früher gut gefallen?
Erzählt von Filmen oder Musik.

Präteritum (II)
Nennt die Präteritumform:
sie heißt, er entsteht, sie kommen, er gewinnt

Sätze mit als
Schreibt Sätze mit *als* über Wilson Gonzalez.

10 – im ersten Film spielen

13 – ein „Wilder Kerl" werden

16 – in die USA gehen

19 – nach Berlin ziehen

Sätze mit bis
Ergänzt die Sätze:

Störtebeker war ein Seemann, bis …

Er überfiel Schiffe, bis …

Er lief so lange, bis …

Es dauerte 600 Jahre, bis …

eine Geschichte schreiben
Schreibt die Geschichte von Robbies Tag.

Straßenfest – Vater nicht erlauben – helfen müssen – Rasen mähen – sauer sein – Bands nicht hören – ins Jugendzentrum gehen – Kolja erzählen

Es war einmal …

8

Wir lernen:
Tipps zu Einladungen geben | Interviews vorbereiten und führen | über Szenen sprechen | über Sprachen sprechen
Sätze mit *obwohl* und *weil* | Nomen-Verb-Verbindungen

So ist das bei uns.

1 Pias Pizzaabend

a Was meint ihr? Was denken die Mädchen?

A

B

C

D

Auf Bild A denkt Keiko bestimmt: „Hoffentlich bin ich nicht zu spät."

Und Pia denkt vielleicht: …

1.46

b Pia erzählt Kolja vom Pizzaabend. Hört das Gespräch. Was ist richtig?

1. Keiko hat …	A Pia zum Geburtstag gratuliert. B Pia einen Geldbeutel geschenkt.
2. Keiko hat den ganzen Abend …	A nichts getrunken. B Getränke eingeschenkt.
3. Nadja putzte sich oft die Nase, …	A weil sie erkältet war. B weil die Pizza scharf war.
4. Pia hat sich …	A über Keiko gewundert. B über Nadja gewundert.
5. Kolja findet …	A Pizza mit Chili eklig. B Naseputzen beim Essen eklig.

2 Wie ist das in Deutschland?

a Keiko schreibt einer deutschen Freundin in Japan. Lest die E-Mail. Wie war der Pizzaabend für Keiko?

An: julia.japan@gx.de
Kopie:
Betreff: Komisch!

Hallo Julia,

wie geht es dir in Osaka? Was macht dein Japanisch? Hast du schon Heimweh?

Heute brauche ich mal deinen Rat. Gestern war ich bei Pia zum Pizzaabend eingeladen. Sie geht in meine Klasse. Ich dachte immer, die Deutschen sind ganz pünktlich, aber ich war die Erste. Soll ich das nächste Mal lieber nicht so pünktlich sein? Und die Schuhe anlassen? Pia hat gesagt, ich kann sie anlassen, aber bei Freunden von meinen Eltern muss man sie ausziehen. Bei uns in Japan ist das ja einfacher. Man zieht die Schuhe automatisch immer aus! Jetzt bin ich ganz unsicher.

Dann habe ich ein kleines Geschenk mitgebracht. Man kann doch nicht einfach so zu einer Einladung gehen. Aber Pia war total überrascht. Na ja, sie hat sich dann doch gefreut. Aber ich wusste nicht, dass ihr in Deutschland die Geschenke sofort auspackt. Sie hat nicht mal gefragt. Das war mir ziemlich peinlich. Man macht Geschenke doch erst auf, wenn die Gäste weg sind. Seltsam finde ich auch, dass sich die Deutschen überall die Nase putzen. Im Bus, im Unterricht und auch beim Essen!!! Aber daran muss ich mich wohl gewöhnen.

Die Pizza war superlecker und der Abend auch total lustig. Toll finde ich übrigens, dass man sich in Deutschland die Getränke auch selbst einschenken kann. Das habe ich aber erst zum Schluss gemerkt. Da hatte ich schon richtig Durst. Das habe ich doch richtig verstanden, oder?

Findest du uns Japaner eigentlich auch manchmal komisch ☺?

Liebe Grüße

Keiko

1.46

b Was denken Pia und Keiko? Hört noch einmal das Gespräch von Pia und Kolja aus 1b und lest Keikos E-Mail. Schreibt Sätze zu den Punkten 1–6 ins Heft.

1. pünktlich sein
2. Schuhe ausziehen
3. Geschenke mitbringen
4. Geschenke auspacken
5. Getränke einschenken
6. beim Essen Nase putzen

Pia denkt:
1. Japaner sind sehr pünktlich.
2. Viele Deutsche ...

Keiko denkt:
1. Die Deutschen sind ...
2. Alle Japaner ...

c Kennt ihr jemanden, der sich auch komisch verhalten hat? Warum? Erzählt in der Klasse.

3 Tipps für Einladungen

Stellt euch vor, eine Schülerin oder ein Schüler ist Gast in eurem Land und ist eingeladen. Macht zu zweit eine Liste mit Tipps zu den Punkten 1–6 von Aufgabe 2b. Fallen euch noch andere wichtige Tipps ein?

4 Eine bunte Schule

a Lest den Text. Wer spricht lieber Deutsch, wer lieber eine andere Sprache? Welche?

Eine Schule – viele Sprachen

35

Das Emil-Krause-Gymnasium in Hamburg ist eine besondere Schule, denn hier lernen Schüler aus 30 verschiedenen Ländern zusammen. Insgesamt sprechen die Schüler 40 verschiedene Sprachen. Im Unterricht sprechen aber alle Deutsch. Welche Sprachen die Schüler am liebsten sprechen und mit wem sie welche Sprache sprechen, haben wir die Schüler aus der 9. Klasse gefragt.

Ich bin Viktor und komme aus Russland. Ich bin jetzt seit drei Jahren in Deutschland. Mein Deutsch ist schon ziemlich gut, denke ich, obwohl ich noch viel lernen muss – besonders Schreiben. Das ist sehr schwer. Ich habe viele russische Freunde und mit ihnen spreche ich nur Russisch, mit meinen Eltern auch. Auf Russisch können wir am besten unsere Meinung sagen und natürlich fluchen. Nach der Schule möchte ich in Deutschland bleiben und studieren, deshalb will ich mein Deutsch verbessern.

Ich heiße Grace und ich bin in Deutschland geboren, aber meine Eltern kommen aus Ghana. Ich spreche am liebsten Deutsch, obwohl ich Englisch auch total cool finde. Zu Hause sprechen meine Eltern Twi mit mir und meinen Brüdern, aber wir antworten immer auf Englisch oder Deutsch, weil das einfacher ist. Twi finde ich auch nicht so wichtig. Keiner von meinen Freunden spricht Twi. Mit meinen Brüdern spreche ich nur Deutsch. Singen kann ich aber am besten auf Englisch.

Ich bin Büsra und bin Türkin, aber ich bin in Deutschland geboren. Zu Hause sprechen wir fast nur Türkisch. Meine Mutter möchte, dass wir Deutsch sprechen, weil sie Deutsch lernen möchte. Ich habe aber keine Geduld und spreche nach zwei Minuten wieder Türkisch, obwohl das nicht gut ist. So lernt meine Mutter nie Deutsch. Früher hatte ich Türkischunterricht. Ich mochte Türkisch nicht, weil alle anderen schon nach Hause gehen durften. Aber jetzt spreche ich genauso gern Türkisch wie Deutsch.

b Wann und warum benutzen die Schüler welche Sprache? Mit wem sprechen sie in der Muttersprache, mit wem auf Deutsch? Sammelt Stichpunkte an der Tafel.

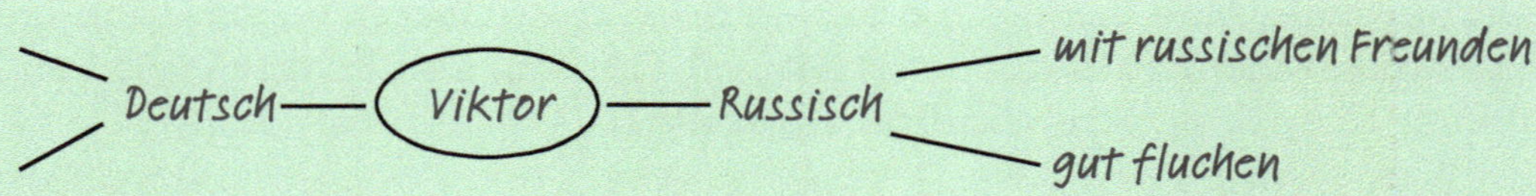

c Was passt: *obwohl* oder *weil*? Schreibt ins Heft.

1. Viktor spricht schon sehr gut Deutsch, … er noch viel lernen muss.
2. Viktor spricht mit seinen Freunden Russisch, … sie auf Russisch besser ihre Meinung sagen können.
3. Grace spricht mit ihren Eltern Deutsch oder Englisch, … Twi schwerer ist.
4. Grace spricht am liebsten Deutsch, … sie Englisch auch total cool findet.
5. Büsra soll mit ihrer Mutter Deutsch sprechen, … die Mutter Deutsch lernen will.
6. Büsra redet mit ihrer Mutter Türkisch, … ihre Mutter so nicht Deutsch lernt.

1. Viktor spricht schon sehr gut Deutsch, obwohl er …

Sätze mit obwohl und weil

Sie spricht am liebsten Deutsch, …
… **obwohl** das nicht ihre Muttersprache ist.
… **weil** das ihre Muttersprache ist.

5 Sprachen in unserer Klasse

a Macht ein Interview mit einem Partner. Erzählt dann in der Klasse.

1. Welche Sprachen sprichst du?
2. Wann benutzt du welche Sprache?
3. Welche Sprache sprichst du gut, welche nicht so gut? Warum?
4. Welche Sprachen möchtest du noch lernen?

b Schreibt drei Sätze mit *obwohl* und drei Sätze mit *weil* ins Heft.

Ich spreche …, …
Ich spreche (nicht) gut …, …
Ich spreche (nicht) gern …, …
Ich spreche am liebsten …, …
Ich möchte gern … sprechen, …

1. Ich spreche nicht gut Polnisch, obwohl meine Eltern aus Polen kommen.

Das ist meine Muttersprache. • Meine Eltern kommen aus … • Ich habe nie/immer Vokabeln gelernt. • Ich habe nie/immer die Hausaufgaben gemacht. • Ich finde die Sprache schön/cool/melodisch/… • Die Sprache ist leicht/schwer. • Die Lehrerin / Der Lehrer ist toll. • Ich habe immer gute/schlechte Noten. • Ich kann die Sprache noch nicht so gut. • Ich habe im Unterricht immer geschlafen/aufgepasst. • …

6 Auf Zeitreise ins Mittelalter

a Lest das Interview. Was machen Ina und Clemens?

Salto im Gespräch:

Mittelaltermärkte, Ritterspiele, Burgfeste, überall gibt es sie fast das ganze Jahr und sie werden immer beliebter bei Jung und Alt. Wir von *Salto* haben Ina (15) und Clemens (18) in Meersburg getroffen und ihnen zur Faszination Mittelalter und Mittelaltermärkte viele Fragen gestellt.

Salto: Warum interessieren sich heute so viele Menschen für das Mittelalter?

Clemens: Das hat mehrere Gründe. Die Leute haben Spaß am Verkleiden, haben Sehnsucht nach einem einfacheren Leben, nach Helden, Mut und Abenteuerlust. Außerdem ist das Mittelalter die Inspiration für Geschichten wie zum Beispiel *Der Herr der Ringe*.

Und du, Ina? Seit wann interessierst du dich denn für das Mittelalter?

Ina: Eigentlich noch nicht so lange, also seit einem Jahr ungefähr. Früher habe ich sogar über Leute aus meiner Schule gelacht, die verkleidet auf Mittelaltermärkte gegangen sind. Die Leute waren für mich Spinner! (lacht)

Und warum hast du deine Meinung geändert?

Ina: Meine Cousins haben mich mal zu einem Mittelaltermarkt mitgenommen. Ich hatte anfangs keine Lust, aber sie haben mich dann doch überredet. Als wir dann dort waren, hatte ich richtig viel Spaß. Es gab eine Band, die mittelalterliche Musik mit alten Instrumenten wie z. B. dem Dudelsack spielte, und ein Ritterturnier. Die Ritter waren Schauspieler in tollen Kostümen und sie hatten schöne Pferde. Überhaupt laufen ja viele Leute, auch Besucher, in Kostümen herum. Das macht eine tolle Atmosphäre.

Clemens, auch du sorgst für eine tolle Atmosphäre bei solchen Veranstaltungen. Was genau machst du?

Clemens: Ich werde erst am Abend aktiv, wenn es dunkel wird, denn ich bin ein Feuerspucker. Ich lerne Feuerspucken schon seit drei Jahren, aber Auftritte habe ich dieses Jahr das erste Mal, weil mir meine Eltern endlich die Erlaubnis gegeben haben. Mein größter Wunsch ist in Erfüllung gegangen. Mit meinen Auftritten verdiene ich auch etwas Geld.

Hast du vor einem Auftritt Angst? Bist du nervös?

Clemens: Ja, natürlich, aber meine Kollegen machen mir immer Mut, denn sie wissen, dass ich gut bin. Ich mache mir vor dem Auftritt viele Gedanken: Wie ist das Publikum? Wie ist das Wetter? usw. Alles ist wichtig. Ich gebe mir einfach ganz viel Mühe und dann klappt meistens auch alles.

Eine letzte Frage: Ina, was machst du in deiner Freizeit, wenn du nicht auf einem Mittelaltermarkt oder Burgfest bist?

Ina: Ich gehe z. B. zu Treffen mit anderen Mittelalterfans, mache selbst Schmuck, aber ich unternehme auch ganz normale Sachen wie ins Kino gehen oder schwimmen.

b Was ist richtig, was ist falsch? Korrigiert die falschen Sätze im Heft.

1. Die Leute finden das Mittelalter interessant, weil das Leben heute zu einfach ist.
2. Ina hat früher nicht verstanden, warum Jugendliche auf Mittelaltermärkte gehen.
3. Ina findet es toll, dass so viele Leute auf den Märkten Kostüme tragen.
4. Clemens arbeitet seit drei Jahren als Feuerspucker auf Veranstaltungen.
5. Clemens ist vor Auftritten immer ganz cool, weil er sehr mutig ist.
6. Ina beschäftigt sich in ihrer Freizeit nur mit dem Mittelalter.

1. falsch: ..., weil sie Sehnsucht nach einem einfacheren Leben haben.

c Wie kann man das anders sagen? Sucht die Sätze im Interview.

1. Wir haben Ina und Clemens viel gefragt.
2. Meine Eltern haben mir erlaubt, auf Märkten aufzutreten.
3. Mein Wunsch hat sich erfüllt.
4. Ich denke vor dem Auftritt viel nach.
5. Ich bemühe mich sehr, dann klappt alles.

1. Wir haben Ina und Clemens viele Fragen gestellt.

Nomen-Verb-Verbindungen
eine Frage stellen – fragen
sich Mühe geben – sich bemühen

7 Historische Festivals

▸LHB

Recherchiert im Internet. Gibt es bei euch in der Nähe auch historische Festivals? Macht ein Plakat und sucht Informationen zu den Fragen.

Wie heißt das Festival?
Was gibt es da?
Was kann man dort machen und sehen?
Wann und wo ist das Festival?
Gibt es Kostüme, Spiele, einen Markt?

8 *st* und *sp*

1.47

a Welchen Laut hört ihr? Schreibt die Wörter in eine Tabelle ins Heft.

Ritterspiele • ständig • Wespe • Feuerspucker • Spaß • Angst • Veranstaltung • verstehen • Festival • Kostüm • Schauspieler • Instrument • Inspiration • Spinner • anstrengend

„st"	„scht"	„sp"	„schp"
			Ritterspiele,

b Lest die Wörter laut.

9 Meine Szene

1.48–51

a Hört die Umfrage und ordnet die Personen den Fotos zu.

Skater

Veganer

Cosplayer

Sandra ist eine …

LAN-Spieler

b Hört noch einmal. Was sagen die Jugendlichen über folgende Punkte? Nicht alle sagen etwas zu jedem Punkt.

	Kleidung	Aktivitäten	Treffpunkte	Spezielles
Cosplayer		schauen Animes	Conventions	

c Wie findet ihr die Szenen? Welche Szenen kennt ihr noch? Was ist typisch? Erzählt in der Klasse.

Ich finde, Veganer ernähren sich sehr extrem. Ich lebe auch vegetarisch, aber …

Es gibt noch die Graffitiszene. Mit Spraydosen bemalen sie Hauswände, Bahnsteige …

10 Deine Szene

a Wählt eine Person aus 9a oder denkt euch eine Person aus einer anderen Szene aus. Lest die Interviewfragen und schreibt Antworten für diese Person.

1. Was fasziniert dich an deiner Szene?
2. Seit wann interessierst du dich für diese Szene?
3. Was genau machst du? Gibt es spezielle Aktivitäten?
4. Was ist typisch für deine Szene? Was ziehst du am liebsten an?
5. Wo triffst du dich mit anderen Leuten aus deiner Szene?

b Übt eure Interviews zu zweit. Spielt sie dann in der Klasse vor. Ihr könnt eure Interviews auch aufnehmen.

Kannst du das schon?

Tipps zu Einladungen geben

- Komm pünktlich zur Party. Aber es ist okay, 15 Minuten später zu kommen.
- In Deutschland muss man zu einer Einladung kein Geschenk mitbringen.
- Man sollte an der Tür fragen: „Soll ich die Schuhe ausziehen?"
- Es ist normal, sich Getränke selbst einzuschenken, aber man kann auch den anderen etwas anbieten.

über Sprachen sprechen

- Meine Muttersprache ist …
- Ich spreche auch sehr gut …, weil mein Vater aus … kommt.
- Ich spreche nur meine Muttersprache und ich lerne Deutsch.
- Wenn ich mit meiner Freundin aus … skype, spreche ich …

Sätze mit obwohl und weil

- Jonas spricht gern Deutsch, obwohl er noch nicht viele Wörter kennt.
- Mariam lernt viele Sprachen, weil sie gerne fremde Sprachen spricht.
- Dan spricht perfekt Russisch, obwohl er noch nie in Russland war.
- Dan spricht perfekt Russisch, weil er schon oft in Russland war.

Nomen-Verb-Verbindungen

- Dieses Jahr ist mein größter Wunsch in Erfüllung gegangen.
- Mach dir nicht so viele Gedanken!
- Darf ich Ihnen eine Frage stellen?
- Ich gebe mir bei jeder Prüfung viel Mühe.
- Die Lehrer haben uns die Erlaubnis gegeben.

über Szenen sprechen

- Veganer essen kein Fleisch und …
- Skater sind sportlich und sie tragen oft weite Hosen.
- Auf Mittelalterfestivals trifft man viele verkleidete Leute.
- Cosplayer tragen verrückte Kostüme und …
- LAN-Spieler gehen oft zu …

- Komisch, oder?
- Pizza mit Chili? Eklig!
- Spinner!

Noch einmal, bitte

Tipps zu Einladungen geben

Keiko ist bei Pia eingeladen. Gebt ihr Tipps.

über Sprachen sprechen

Macht zu zweit ein Interview:
Was ist eure Muttersprache? Welche Sprachen sprecht/lernt ihr? Wann verwendet ihr welche Sprache?

Sätze mit obwohl und weil

Schreibt Sätze mit *obwohl* und *weil.*

Jonas: gern Deutsch sprechen, nicht viele Wörter kennen
Mariam: viele Sprachen lernen, gern fremde Sprachen sprechen

Nomen-Verb-Verbindungen

Ergänzt die Substantive: *Erlaubnis, Erfüllung, Frage.*

Mein größter Wunsch ist in ___ gegangen.

Darf ich Ihnen eine ___ stellen?

Die Lehrer haben uns die ___ gegeben.

über Szenen sprechen

Welche Szene findet ihr interessant? Beschreibt die Szene mit drei Sätzen.

Komisch, oder?

Grammatikübersicht

Modalwörter: Vermutungen

bestimmt/sicher	Paul kommt ganz **bestimmt** am Montag. Ich bin mir **sicher**.
wahrscheinlich	Gestern hat er gesagt, dass er **wahrscheinlich** am Dienstag kommt.
vielleicht/eventuell	Aber ich glaube, dass er **vielleicht** erst am Mittwoch hier ist. Oder **eventuell** sogar erst am Donnerstag.

Verben im Präteritum

	sagen	arbeiten	werden	gehen	kommen
ich	sag**te**	arbeit**ete**	wurde	ging	kam
du	sag**test**	arbeit**etest**	wurdest	gingst	kamst
er/es/sie	sag**te**	arbeit**ete**	wurde	ging	kam
wir	sag**ten**	arbeit**eten**	wurden	gingen	kamen
ihr	sag**tet**	arbeit**etet**	wurdet	gingt	kamt
sie/Sie	sag**ten**	arbeit**eten**	wurden	gingen	kamen

weitere Verben: geben – gab, heißen – hieß, bringen – brachte, sprechen – sprach, stehen – stand

Relativsätze mit Präpositionen

	Mit Akkusativ	Mit Dativ
Hast du einen Stift,	Für den Stift braucht man Tinte. für **den** man Tinte braucht?	Mit dem Stift kann ich schreiben. mit **dem** ich schreiben kann?
Hier ist das Heft,	Für das Heft habe ich zwei Euro bezahlt. für **das** ich zwei Euro bezahlt habe.	Mit dem Heft kannst du lernen. mit **dem** du lernen kannst.
Ist das die Frau,	Für die Frau hast du eine CD gekauft. für **die** du eine CD gekauft hast?	Mit der Frau verstehst du dich gut. mit **der** du dich gut verstehst?
Ich zeige Fotos,	Für die Fotos habe ich Preise gewonnen. für **die** ich Preise gewonnen habe.	Auf den Fotos sieht man die Stadt. auf **denen** man die Stadt sieht.

Nebensätze mit *als, bis, obwohl*

als	Wilson spielte in „Die wilden Kerle" mit, **Als** Wilson 13 war,	**als** er 13 war. spielte er in „Die wilden Kerle" mit.
bis	Er war nur Schauspieler, **Bis** er Musiker wurde,	**bis** er Musiker wurde. war er nur Schauspieler.
obwohl	Er steht auch hinter der Kamera, **Obwohl** er Schauspieler ist,	**obwohl** er Schauspieler ist. steht er auch hinter der Kamera.

Komparativ und Superlativ als Adjektive

	der, das, die	*ein, eine*
	Nominativ	
der	Das ist der coolst**e** Fun-Park.	Das ist ein größer**er** Wettbewerb.
das	Das ist das coolst**e** Gefühl.	Das ist ein härter**es** Training.
die	Das ist die coolst**e** Musik.	Das ist eine kleiner**e** Stadt.
die	Das sind die coolst**en** Tage.	Das sind (–) schöner**e** Tage.
	Akkusativ	
der	Sebastian übt den neuest**en** Trick.	Er hat einen größer**en** Fun-Park gefunden.
das	Er will das teuerst**e** Skateboard haben.	Er hat sich ein teurer**es** Skateboard gekauft.
die	Er will die coolst**e** Show machen.	Er möchte eine besser**e** Leistung zeigen.
die	Er hat die best**en** Freunde im Fun-Park.	Er braucht noch (–) besser**e** Schuhe.
	Dativ	
der	Sebastian übt gemeinsam mit dem best**en** Freund.	Er träumt von einem besser**en** Trainer.
das	Mit dem neuest**en** Skateboard fährt er am besten.	Er fährt zu einem bekannter**en** Turnier.
die	Mit der heißest**en** Musik im Ohr macht das Skaten Spaß.	Er wohnt in einer größer**en** Stadt.
die	Auch an den kältest**en** Tagen fährt er Skateboard.	Er träumt von (–) besser**en** Tagen.

unregelmäßige Adjektive:

teuer – teurer – am teuersten
groß – größer – am größten
hoch – höher – am höchsten
gern – lieber – am liebsten
kurz – kürzer – am kürzesten
nah – näher – am nächsten
gut – besser – am besten
viel – mehr – am meisten

Nomen-Verb-Verbindungen

Verb	Nomen + Verb	
fragen	eine Frage stellen	Darf ich dir noch ein paar Fragen stellen?
nachdenken	sich Gedanken machen	Hast du dir Gedanken gemacht, als du mit deinem Hobby angefangen hast?
erlauben	die Erlaubnis geben	Und deine Eltern haben dir die Erlaubnis gegeben?
sich bemühen	sich Mühe geben	Ich habe ihnen gesagt, dass ich mir immer Mühe gebe.
sich erfüllen	in Erfüllung gehen	Ich wünsche dir, dass dein Traum in Erfüllung geht.

weitere Nomen-Verb-Verbindungen:

beenden – zu Ende bringen
hoffen – Hoffnung haben
sich interessieren – Interesse haben
helfen – zu Hilfe kommen

Schlösser und Burgen

1 Berühmte Schlösser

a Lest die Texte und ordnet die Schlösser ihren Besitzern zu.

1 Schloss Neuschwanstein

Dieses Schloss ist eine der bekanntesten Sehenswürdigkeiten Deutschlands. Es wurde erst 1869 im Süden von Bayern gebaut, aber es sollte an alte Zeiten erinnern. Der König baute es wie ein Schloss in einem Märchen und wollte wie in einem Theater wohnen. Kein Luxus sollte dem König fehlen: Es hatte eines der ersten Telefone Deutschlands, fließendes heißes und kaltes Wasser und eine Heizung. Leider war der Bau des Schlosses teuer und der König hatte ab 1883 viele Schulden. In der Nacht vom 11. auf den 12. Juni 1886 musste der König das Schloss verlassen. Nur einen Tag später fand man ihn tot im Starnberger See.

2 Schloss Schönbrunn

Jedes Jahr besuchen circa 6,7 Millionen Besucher dieses Schloss und seinen Park in Wien. Kaiser Karl VI. war, als er noch lebte, allerdings wenig an dem Schloss interessiert, deshalb schenkte er es seiner Tochter. Für ihre große Familie baute sie das alte Schloss ab 1743 in ein Wohnschloss mit 1441 Zimmern um. So hatten ihre 16 Kinder viel Platz! Ihre Kinder hatten es aber nicht immer leicht. Sie mussten Leute heiraten, die ihre Mutter für sie ausgesucht hatte. So hatte die Mutter gute Kontakte in Länder wie Frankreich und Spanien.

3 Schloss Sanssouci

Diesem König waren die Schlösser in Berlin zu groß und er hasste das Leben als König. Daher baute er 1745 bis 1747 ein kleines, privates Schloss in der Nähe von Potsdam – mitten auf dem Land. Mit einem traumhaften Blick in die Landschaft hat der König „sans souci" (französisch: ohne Sorgen) jeden Sommer in seinem Schloss verbracht. Damit er wirklich keine Sorgen hatte, durfte seine Frau nicht mit nach Sanssouci. Dort hatte er lieber andere Gäste zu Besuch, mit denen er lange redete und denen er Musik vorspielte.

A
Friedrich II. war mit wenig Luxus zufrieden und spielte Flöte.

B
Ludwig II. liebte das Theater und die Musik und gab viel Geld für moderne Erfindungen aus.

C
Kaiserin Maria Theresia im Kreis ihrer großen Familie.

▸LHB **b Sucht euch zu zweit ein Schloss aus und beantwortet die Fragen. Geht dann herum und stellt die Fragen bei Paaren mit anderen Schlössern.**

Wie alt ist das Schloss? • Wo steht es? •
Was ist besonders an dem Schloss? • Wer wohnte in ihm? •
Was ist das Besondere an den Bewohnern?

Das Schloss ist über 140 Jahre alt.

c Denkt euch noch mehr Fragen zu den Schlössern aus. Recherchiert im Internet und versucht, sie zu beantworten.

2 Leben auf der Burg heute

a Lest den Text und sammelt Vorteile und Nachteile des Burglebens.

Keine Könige – trotzdem leben sie auf einer Burg

Burg Rheinstein im oberen Mittelrheintal zwischen Rüdesheim und Koblenz. Im Mittelalter wohnten hier Könige und Fürsten. Seit 1975 wohnt Familie Hecher auf der Burg. Markus Hecher war damals 16 Jahre alt und war überhaupt nicht begeistert, als sein Vater die Burg kaufte: „Für mich war hier alles trist und grau." Inzwischen hat sich aber einiges getan und die Burg strahlt wie neu.
Katharina Hecher, 14, Tochter von Markus, ist dort oben auf der Burg aufgewachsen und sagt: „Es war für mich ganz anders als für die anderen Kinder in der Schule. Sie konnten schnell mal zu ihren Freunden gehen. Das war bei mir schwieriger. Aber dafür habe ich das Erlebnis, auf einer Burg zu wohnen. Also, das ist schon etwas Besonderes. Und meine Freunde besuchen mich hier gern."

Vorteile	Nachteile
	– trist und grau

b Wie stellt ihr euch das Leben auf einer Burg vor? Sammelt weitere Vorteile und Nachteile und schreibt sie in die Tabelle von 2a.

Viele Touristen laufen durch mein Zimmer.

Wir feiern tolle Partys im großen Saal.

c Schreibt einen Text zum Thema „Leben auf der Burg".

Ich würde gern auf einer Burg leben. Dann hätte ich nicht nur ein kleines Zimmer. Ich hätte fünf große Zimmer für mich allein. Ich hätte außerdem ... und viele ... Aber doof wäre ...

Das Leben auf einer Burg wäre nichts für mich. Die ganze Zeit würden Touristen durch mein Zimmer laufen. Es würde mich stören ... Ein Vorteil wäre aber ...

9

Wir lernen:
Lerntipps geben | einen Informationstext verstehen | Meinung über Schule äußern
Plusquamperfekt: *er hatte gelernt* | Sätze mit *nachdem* | Präteritum (III): trennbare Verben

Schule und Lernen

1 Welcher Lerntyp bist du?

a Seht die Fotos eine Minute lang an. Merkt euch die Wörter. Macht dann das Buch zu und notiert die Wörter mit Artikel. Wer hat die meisten Wörter richtig?

1

die Pflaume

2

die Aprikose

3

die Birne

4

die Himbeere

5

die Bohne

6

der Pilz

2.2 **b Seht die Fotos an und hört die Wörter. Sprecht die Wörter laut mit. Notiert dann die Wörter. Wer hat alle Wörter notiert?**

A

B

C

D
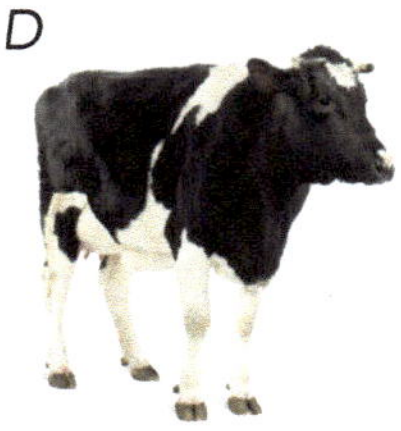

E

F

c Wie habt ihr euch die Wörter besser gemerkt: durch das Lesen oder durch das Hören? Wie lernt ihr zu Hause? Sprecht zu dritt.

Aufgabe a war für mich leicht, aber b …

Ich lese erst die Wörter und dann …

d Welche Tipps passen zu welcher Lernform? Kennt ihr noch mehr Tipps? Sammelt an der Tafel.

mit PC-Programmen arbeiten • laut lesen • Mindmaps machen • jemand anderem erzählen, was man gelernt hat • beim Lernen laut denken • ein Lernposter machen • Wörter aufnehmen und wieder anhören • passende Bilder suchen • mit dem Vokabeltrainer arbeiten • …

Typ Lesen	Typ Hören
ein Lernposter machen	

2 Paul hat schlechte Laune.

2.3

a Hört das Gespräch. Was ist das Problem?

b Hört noch einmal. Was hatte Paul gemacht? Verbindet die Satzteile.

Vor der Prüfung	hatte war	Paul viele Wörter Paul die ganze Nacht Paul zu wenig Paul früh Paul extra viel Kaffee Paul früh zur Schule	losgegangen. getrunken. aufgestanden. wiederholt. gelernt. geschlafen.

Vor der Prüfung hatte Paul viele Wörter wiederholt.

3 Was war vorher?

Wählt Ausdrücke aus dem Kasten und ergänzt die Sätze im Heft.

Kuchen backen • trainieren • den ganzen Abend lernen • Getränke kaufen • anrufen • Freunde einladen • aufräumen • Geschenk kaufen • alles wiederholen • gute Tipps bekommen

1. Wir hatten einen Deutschtest. Wir …
2. Eine Freundin hat ein Fest gemacht. Sie …
3. Dein Vater hatte Geburtstag. Du …
4. Deine Großeltern haben euch besucht. Ihr …
5. Beim Wettkampf hast du gewonnen. Du …

1. Wir hatten vorher alles wiederholt.

Das war vorher passiert.

Plusquamperfekt

Paul hat heute einen Test geschrieben.
→ Vorher hatte er die ganze Zeit gelernt.

ich habe gelernt → ich **hatte** gelernt
du bist gegangen → du **warst** gegangen

4 Prüfungstipps

2.4

Hört das Gespräch aus 2 weiter. Welche Tipps geben die Freunde? Notiert in Stichpunkten.

nach der Schule alles noch einmal anschauen

Anton sagt, Paul soll nach der Schule alles noch einmal anschauen.

5 Lerntipps

a **Wählt ein Lern- oder Prüfungsproblem und beschreibt es in einem kurzen Brief.**

nicht verstehen • keine Lust haben • sich nicht konzentrieren können • …

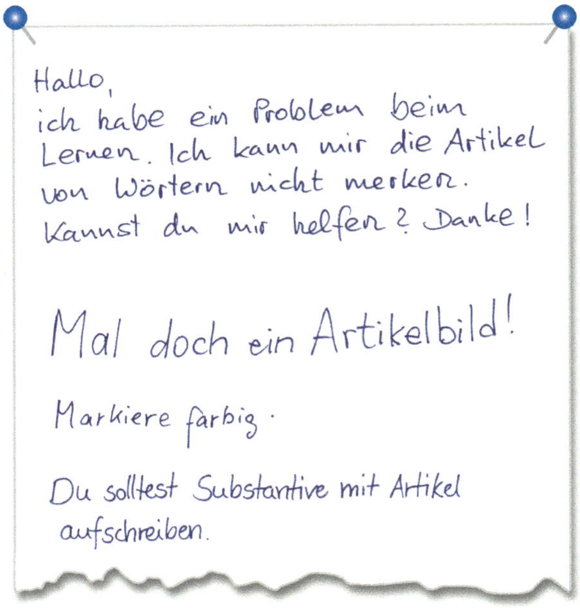

b **Hängt die Briefe in der Klasse auf. Schreibt Tipps auf die Briefe.**

LHB **c** **Wählt einen Brief aus und schreibt einen Antwortbrief mit den Tipps.**

6 Wer ein Meister werden will, …

a **Lest die Umfrage. Welche Prüfungen haben Karim, Estella und Anne gemacht?**

Casting für eine Talentshow • Sprachtest • Prüfung für den schwarzen Gürtel • Finale beim Handball • Führerscheinprüfung • Aufnahme in ein Jugendorchester

Meine wichtigste Prüfung

Wir haben junge Kölner und Kölnerinnen gefragt: Was war deine wichtigste Prüfung? +++ Warum wolltest du sie unbedingt schaffen? +++ Wie hast du dich vorbereitet?

Karim, 18

Für mich war die wichtigste Prüfung die ___. Taekwondo ist nämlich mein großes Hobby und ich möchte später gern Profi-Sportler werden. Eigentlich habe ich mich seit zehn Jahren vorbereitet, denn so lange mache ich schon Kampfsport. Aber vor dieser Prüfung hatte ich besonders viel trainiert. Mein bester Freund machte auch mit, so konnten wir alles gemeinsam üben. Das war super. Nachdem ich die Prüfung geschafft hatte, war ich total glücklich.

Estella, 16

Meine Eltern hatten mir zum Geburtstag ein Moped geschenkt, daher war die ___ so wichtig für mich. Nachdem ich schon einmal durch die theoretische Prüfung gefallen war, hatte ich beim zweiten Mal ziemlich Angst. Vielleicht hatte ich beim ersten Mal einfach nicht genug gelernt. Ich weiß es nicht. Aber weil ich es unbedingt schaffen wollte, habe ich vier Wochenenden lang gelernt und Testaufgaben gemacht. In der Nacht vor der Prüfung hatte ich kaum geschlafen, aber dann habe ich Theorie und Praxis bestanden. Und bin natürlich mit dem Moped zu allen Freunden gefahren!

Anne, 15

Das war die ___ in Köln. Nachdem ich schon beim Wettbewerb „Jugend musiziert" gewonnen hatte, wollte ich unbedingt regelmäßig mit anderen Jugendlichen spielen. Meine Musiklehrerin hat mich sehr unterstützt, aber die Vorbereitungszeit war extrem bitter. Ich habe täglich drei bis vier Stunden geübt – unsere armen Nachbarn! Vor der Prüfung hatte ich Lampenfieber, aber dann war ich total ruhig. Nachdem ich die Zusage bekommen hatte, habe ich mit meiner Familie gefeiert. Sie waren nämlich alle zur Prüfung gekommen und hatten mir die Daumen gedrückt.

b **Wählt eine Person und beantwortet für sie die drei Fragen aus dem Artikel.**

Karims wichtigste Prüfung war ...

c **Verbindet die Sätze. Was passiert zuerst?**

1. Nachdem er hart trainiert hatte,
2. Nachdem sie einmal durchgefallen ist,
3. Nachdem sie wenig geschlafen hat,
4. Nachdem er die Prüfung bestanden hatte,
5. Nachdem ihr die Lehrerin geholfen hat,
6. Nachdem sie es geschafft hatte,

A hat sie jetzt Angst vor der Prüfung.
B machte sie ein großes Fest.
C war die Prüfung für ihn nicht schwer.
D spielt sie besser.
E ist sie trotzdem konzentriert.
F fühlte er sich super.

1C Nachdem er hart trainiert hatte, war die Prüfung für ihn nicht schwer. – zuerst: hatte hart trainiert

d **Welche „Prüfungen" waren für euch wichtig? Sprecht in der Klasse.**

Für mich war das Finalspiel im Volleyball wichtig. Vorher hatte ich …

7 Was hast du vorher gemacht?

Arbeitet zu zweit. Jeder schreibt auf fünf Kärtchen verschiedene Aktivitäten. Mischt dann die Kärtchen und macht zwei Stapel. Die Aktivitäten auf dem einen Stapel sind vorher passiert, die Aktivitäten auf dem anderen Stapel sind danach passiert. Zieht je zwei Kärtchen und bildet Sätze.

Nachdem ich Musik gehört hatte, schlief ich.

Sätze mit nachdem

Nachdem ich gelesen habe, schlafe ich.

Nachdem ich gelesen hatte, habe ich geschlafen. / schlief ich.

8 Vokal am Wortanfang

2.5 **a** **Hört die Ausdrücke. Wo spricht man die Wörter zusammen, wo getrennt?**

1. A lerne abends
   B lerne morgens
2. A die Übung
   B die Lösung
3. A Anton lernt
   B Anton arbeitet
4. A sehr viel
   B sehr oft

1A getrennt

2.6 **b** **Überlegt, wo man die Wörter getrennt spricht. Lest die Sätze laut. Hört dann zur Kontrolle.**

1. Es ist nicht einfach, allein zu lernen.
2. Die Übung ist aber sehr schwer.
3. Mit ihm ist Englischlernen immer echt lustig.
4. Anna und Anton machen die Aufgaben zusammen.

9 Schulen in Deutschland

▸LHB **a Lest die Informationen über Schultypen in Deutschland. Wie lange gehen Schüler in Deutschland mindestens in die Schule? Wie lange höchstens?**

In Deutschland gehen Kinder normalerweise mit sechs Jahren in die Schule. Der Schulbesuch ist kostenlos. Die **Grundschule** dauert vier Jahre und danach entschließt man sich: Geht man weiter in die Hauptschule, Realschule oder das Gymnasium? Das hängt von den Noten in der vierten Klasse der Grundschule ab. Jedes Kind in Deutschland muss insgesamt neun Jahre in die Schule gehen. Die Hauptschule dauert fünf Jahre, die Realschule sechs und das Gymnasium acht oder neun Jahre. Die Schulen dauern also unterschiedlich lang und haben verschiedene Schwerpunkte und Inhalte.

Im **Gymnasium** lernt man eher theoretisch und macht Abitur – das ist die Voraussetzung für ein Studium an der Universität. In der **Hauptschule** ist auch die Praxis wichtig und man bereitet sich allgemein auf das Berufsleben vor. Der Abschluss dort heißt Hauptschulabschluss. Die **Realschule** ist eine Mischung aus beiden Schultypen. Die Schüler machen am Ende die „Mittlere Reife".

Außerdem gibt es auch **Gesamtschulen**, in denen die Schüler von verschiedenen Schultypen parallel Unterricht bekommen.

Die Schüler können auch zwischen den verschiedenen Schulformen wechseln, aber wenn man von der Hauptschule in die Realschule oder von der Realschule ins Gymnasium kommen möchte, braucht man sehr gute Noten. Wenn man sehr schlechte Noten hat, muss man eine Klasse wiederholen.

Die meisten Schulen in Deutschland sind noch Halbtagsschulen. Das heißt, die Schüler gehen nur bis mittags in die Schule. Aber in den letzten Jahren hat sich viel verändert und es gibt immer mehr Ganztagsschulen.

In jedem Bundesland ist das Schulsystem etwas anders, denn es gibt keine einheitlichen Regeln für alle Bundesländer. Deshalb ist ein Umzug von einem Bundesland in ein anderes für Schüler (und Lehrer) nicht leicht.

b Beantwortet die Fragen im Heft.

1. In welchem Alter kommt man in die Schule?
2. Welche Schultypen gibt es in Deutschland?
3. Wie lange dauert das Gymnasium?
4. Was ist der Unterschied zwischen Gymnasium und Hauptschule?
5. Wie heißen die Schulabschlüsse?

c Hört die vier Aussagen. Auf welche Schulen gehen die Jugendlichen?

2.7–10

Larissa, 17

Moritz, 14

Julia, 16

Konstantin, 16

d Hört noch einmal. Was gefällt den Schülern gut, was nicht so gut? Sammelt an der Tafel.

Larissa	Moritz	Julia	Konstantin
	+ praktische Sachen	– stressig	

10 Deine Schule

a Lest die E-Mail von Sophie. Was schreibt sie über die Punkte A–D? Macht Notizen.

A Schüler B Schulwechsel C Unterricht D Sprachkenntnisse

Liebe Françoise,
danke für deine Mail. Es ist immer interessant, etwas über dein Land zu lesen! Du hast mich nach meiner Schule gefragt. Also, ich besuche die Internationale Schule in Leipzig, hier kommen die Schüler aus der ganzen Welt. Am Anfang war das nicht einfach, denn die meisten Stunden sind auf Englisch und so gut konnte ich das noch nicht. Im ersten Jahr habe ich also noch viel Englisch gelernt und weniger Freizeit gehabt, aber jetzt ist das kein Problem mehr. Das liegt sicher auch an den anderen Schülern, denn wir verstehen uns alle sehr gut.
Der Nachteil einer internationalen Schule ist eher, dass die Schüler häufig wechseln, weil die Familie umziehen muss. Meine beste Freundin ist leider vor zwei Monaten nach Dublin gezogen ☹ und geht dort zur Schule. Ja, das ist vielleicht der große Vorteil unserer Schule (abgesehen vom Sprachenlernen): Wenn man umzieht, dann hat man beim Schulwechsel eigentlich keine Probleme. In Deutschland ist ja sonst schon ein Schulwechsel zum Beispiel von Leipzig nach München schwierig.
Den Unterricht selbst finde ich eigentlich super. Wahrscheinlich ist das so, weil die Lehrer aus der ganzen Welt kommen und schon an den verschiedensten Schulen unterrichtet haben. Das ist sicher der Grund, warum sie ziemlich relaxt sind! Wir machen auch öfter Projekte und gemeinsame Aktivitäten.
Schade ist nur, dass manche ausländische Mitschüler kaum Deutsch können und auch wenig über Deutschland wissen. Ich finde es komisch, wenn man in einem Land lebt und die Sprache nicht versteht. Das sollte man ändern: Meiner Meinung nach sollten sie noch mehr Deutschstunden bekommen oder einen Tandempartner in der Schule – das würde ich gern machen!
Ach, und besonders gut gefällt mir, dass wir hier viele Wahlkurse haben. Am Nachmittag lerne ich nämlich jetzt noch Russisch und Philosophie, außerdem bin ich in der Zeitungs-AG angemeldet. Wir schreiben die Schülerzeitung und den Jahresbericht für die Schule. Ich kann dir ja mal den Link schicken, wenn es dich interessiert.
So, ich muss aufhören! Aber ich freue mich schon, ganz viel über deine Schule zu hören ;-)
Liebe Grüße
Sophie

b Lest noch einmal. Was gefällt Sophie besonders? Was würde sie ändern?

Sophie gefällt, dass sich alle gut verstehen.

c Sprecht zu dritt. Was mögt ihr an eurer Schule? Was würdet ihr ändern? Warum?

Meiner Meinung nach … • Mir gefällt besonders gut, dass … • Es ist schön, … • … finde ich super. • … sollte man ändern. • … ist nicht so toll. • Schade ist nur, dass … • … ist für mich langweilig/spannend/komisch/… • Ein Vorteil/Nachteil meiner Schule ist, dass …

Lehrer • Pause • Unterricht • Fächer • AGs • Klasse • Schulhof • …

11 Fürs Leben lernen

a Seht euch die Fotos an. Wer ist das? Lest die Texte und ordnet sie zu.

1. Nach der Schule wusste ich nicht, was ich machen wollte. Eine Freundin machte gerade ein soziales Jahr in einem Kindergarten und ich durfte sie eine Woche lang begleiten. Das war wirklich spannend und ich beschloss, auch ein soziales Jahr dort zu machen. Danach fing ich eine Ausbildung bei ihnen an. Es macht viel Spaß und mit den Kindern wird es nie langweilig! – Yasemin

2. Ich lerne eigentlich immer noch. Momentan mache ich das, was ich mir immer gewünscht habe: Ich studiere! Als ich jung war, hatte ich nicht die Möglichkeit. Mein Mann war Diplomat und wir zogen viel um, auch in andere Länder. So lernte ich drei Sprachen und fühle mich heute auf der ganzen Welt zu Hause. Meine Kinder wohnen auf drei Kontinenten, da bin ich viel unterwegs. – Adelheid

3. Die Schule hat mich nie besonders interessiert, da war immer alles so theoretisch. Aber dann machte ich eine Weltreise und lernte viele Menschen kennen. Diese Begegnungen machten mir klar, was für mich eigentlich wirklich wichtig ist – nämlich anderen Menschen zu helfen. Deshalb wurde ich Krankenpfleger und arbeite heute in einem Krankenhaus in Bolivien. – Gernot

b Schreibt den Text von Hanna Knopp im Präteritum.

Ich mache ein gutes Abitur und meine Tante bietet mir an, dass ich ihr helfe. Sie ist Fotografin und braucht eine Assistentin. Ich stimme sofort zu – eine tolle Möglichkeit! Es macht viel Spaß, weil ich alles selbst ausprobiere. Ich lerne so viel, dass ich selbst erfolgreich werde.
Hanna Knopp, 34

Präteritum (III): trennbare Verben

Sie stimmt sofort zu.
Sie stimm**te** sofort zu.

Es macht Spaß, weil ich alles ausprobiere.
Es machte Spaß, weil ich alles ausprobier**te**.

Hanna Knopp machte ein gutes Abitur und ihre ...

c Lest die Texte aus 11a und b noch einmal. Wo und wie haben die Personen etwas gelernt? Sammelt in der Klasse.

12 Vorbilder

a Was denkt ihr: Wie muss ein Vorbild sein? Diskutiert in der Klasse.

ehrlich • erfolgreich • berühmt • erfahren • mutig • kreativ • immer konsequent • stark • für mich da sein • beliebt • verständnisvoll • etwas Tolles machen • besonders • fair • großzügig • einmalig • ...

b Wer ist euer Vorbild? Sammelt Informationen über die Person. Schreibt einen Text.

- Wer ist es?
- Was macht er/sie?
- Was bewunderst du an ihm/ihr?
- Was möchtest du von ihm/ihr lernen?

Kannst du das schon?

Lerntipps geben

- Notiere Wörter immer mit Artikel!
- Sprich beim Lernen laut.
- Am besten schaust du dir alles gleich nach der Schule an.
- Es wäre besser, wenn du am Schreibtisch arbeiten würdest.

Plusquamperfekt

Gestern hat Pia eine wichtige Prüfung geschrieben.

- Vorher hatte sie viel gelernt und alles wiederholt.
- Sie war früh schlafen gegangen.
- Am Morgen hatte sie viel Milch getrunken.
- Sie war pünktlich zur Schule gekommen.

Sätze mit nachdem

- Nachdem Sarah geübt hatte, schaffte sie die Prüfung.
- Nachdem Theo gelesen hatte, hat er gegessen.
- Nachdem Cordula gefeiert hat, ist sie müde.
- Nachdem Ivan Fußball gespielt hat, lernt er.

einen Informationstext verstehen

In Deutschland kommen Kinder meistens mit sechs Jahren in die Schule. Die Grundschule dauert vier Jahre. Danach geht man in die Hauptschule, in die Realschule oder ins Gymnasium. Die Schultypen dauern unterschiedlich lang. Die Schüler können zwischen den Schulformen wechseln.

Meinung über Schule äußern

- Ich besuche das Gymnasium / die Realschule/Hauptschule/ Gesamtschule.
- Der Nachteil/Vorteil meiner Schule ist, dass …
- Den Unterricht finde ich super/interessant / nicht so spannend / …
- Wir machen öfters Projekte/AGs …
- Besonders gut gefällt mir, dass wir Wahlkurse/… haben.
- Das finde ich toll, weil …

Präteritum (III): trennbare Verben

- Frau Bröker zog mit ihrer Familie viel um.
- Sie lernte viele Leute kennen, weil sie überall ihre Hilfe anbot.
- Sie probierte gerne neue Dinge aus.

- Was denn?
- Ich habe ein Problem.
- Drückt mir die Daumen!

Noch einmal, bitte

Lerntipps geben

Ein Freund hat Lernprobleme. Gebt ihm drei Tipps.

Plusquamperfekt

Schreibt im Plusquamperfekt, was Pia vor der Prüfung gemacht hatte:

viel lernen
früh schlafen gehen
viel Milch trinken
pünktlich kommen

Sätze mit nachdem

Macht vier Sätze mit *nachdem*:

üben – Prüfung schaffen
lesen – essen
feiern – müde sein
Fußball spielen – lernen

einen Informationstext verstehen

Nennt drei wichtige Informationen über die Schule in Deutschland.

Meinung über Schule äußern

Sprecht zu zweit über eure Schule und erzählt, was euch (nicht) gefällt.

Präteritum (III): trennbare Verben

Nennt die Präteritumform:

sie zieht um – sie lernt kennen – sie bietet an – sie probiert aus

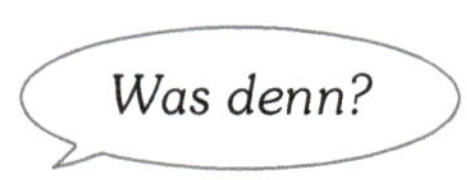

10

Wir lernen:
Jahreszeiten und Klima | Überzeugung ausdrücken | Tipps für die Umwelt geben
Präpositionen mit Genitiv (I): *wegen, trotz* | Substantive mit Endung *-(e)n* | Sätze mit *damit* und *um … zu*

Natur und Umwelt

1 Im Tiergarten Schönbrunn

a Lest die Texte. Welche Überschrift passt?

A 12 cm groß und schon ein Medienstar
B Wilder Pandabär bedroht Menschen
C Großer Panda (*Ailuropoda melanoleuca*)
D Zu wenig Bambus für die Pandas
E Das Gesicht für Naturschutz
F Pandabären – Aus China für China

1

www.tiergarten-schönbrunn.at

Tiergarten Schönbrunn

Im Jahr 2003 hatte der Tiergarten Schönbrunn in Wien von chinesischen Partnern ein Pärchen Pandabären erhalten. Am 24. August 2007 war „Fu Long" zur Welt gekommen. Es war die erste Geburt eines Pandabären in einem Zoo. Der erwachsene Pandabär lebt heute wieder in China in einer Pandastation.

2

Tragzeit:	97–163 Tage
Gewicht:	80–125 kg
Lebenserwartung:	bis 30 Jahre
Lebensraum:	China, Provinzen Hunan und Sichuan

Der Name „Panda" bedeutet „Bambusesser": Bambus ist die Hauptnahrung dieser Bären. Der Pandabär gehört zu den am meisten bedrohten Tierarten der Welt. Die etwa 1.600 noch in der Wildnis lebenden Pandas verteilen sich auf sechs Bergregionen in China.

3

Der Pandabär ist das Symboltier für den Schutz von Tierarten und das Wappentier des Worldwide Fund for Nature (WWF).

Der WWF betreibt Programme zum Schutz von Natur und Tieren in aller Welt.

WWF

4

Wien. Am 24. August, genau 3 Jahre nach der Geburt des ersten Pandababys in einem Zoo überhaupt, ist wieder ein Pandababy zur Welt gekommen. Es ist rund 12 Zentimeter groß und wiegt etwa 100 Gramm. Die Mutter Yang Yang ist immer bei ihrem Jungen. Die Freude ist riesig. Medien aus aller Welt berichten über die Sensation und haben Reporter nach Wien geschickt.

b Der Zoo informiert. Welche neuen Informationen bekommt ihr?

2.11

Es gibt in Europa nur in drei Zoos Pandabären.

c Welche seltenen Tiere kennt ihr noch?

Es gibt immer weniger Tiger. Sie sind sehr bedroht.

Die großen Schildkröten im Meer …

2 Tiere im Zoo

a Was denken die Jugendlichen? Sucht Aussagen in den Texten.

Tiere im Zoo, das ist Tierquälerei. Es gibt da einen Eisbären, der keinen Platz hat und immer im Kreis läuft. Ein Eisbär braucht doch viel Platz. In einer Dokumentation im Fernsehen sieht man viel besser, wie die Tiere wirklich leben.
Volkan Kayhan, 15

Ich gehe oft und gern in den Zoo, denn unsere Familie hat eine Jahreskarte. Ich finde Löwen so süß, besonders die Jungen. Wenn ich einmal genug Geld habe, fahre ich sofort nach Afrika. Ich will einen Löwen in Freiheit sehen.
Petra Smet, 14

Ich war nur einmal im Zoo. Das reicht für mich. Da war ein ganz trauriger Schimpanse. Ich habe Mitleid mit einem Affen, der so traurig im Käfig rumhängt. Und überall im Zoo stinkt es. Cool sind nur die Schlangen.
Mike Krager, 14

Volkan findet, dass Zoos Tierquälerei sind.

b Welches Tier passt? Ergänzt die Sätze.

1. Volkan hat im Zoo einen ____ gesehen.
2. Volkan weiß, dass für einen ____ viel Platz wichtig ist.
3. Petra möchte einen ____ in Freiheit sehen.
4. Mike findet, dass der ____ im Zoo ganz traurig war.
5. Er hatte Mitleid mit dem traurigen ____.

Merkt euch diese Substantive in einem Satz: „Habt ihr Angst vor dem Löwen?“

Substantive mit Endung -(e)n

Nominativ	der/ein	Löwe
Akkusativ	den/einen	Löwe**n**
Dativ	dem/einem	Löwe**n**
Genitiv	des/eines	Löwe**n**

ebenso: der Affe, der Elefant, der Hase, der Mensch, der Junge …

LHB **c Was meint ihr zu Tieren im Zoo? Sammelt in Gruppen Argumente und diskutiert.**

Was spricht dafür?	Was spricht dagegen?
Man kann seltene Tiere sehen.	Die Käfige sind zu klein.

Ich finde gut, dass man im Zoo seltene Tiere sehen kann.

Du hast schon recht, aber die Käfige …

3 Das Supertier

Wie sieht euer Supertier aus? Welche Eigenschaften hat es? Beschreibt.

Mein Supertier hat das dicke, weiße Fell von einem Eisbären. Und es kann sehr gut hören, weil es die Ohren von einem Hasen hat.

4 Frühling, Sommer, Herbst und Winter

a Ordnet die Ausdrücke den Fotos zu. Es gibt mehrere Möglichkeiten. Beschreibt die Fotos.

der Blitz / es blitzt
das Gras
die Kälte
der Baum
die Wolke
das Blatt
blühen
das Feld
die Wärme
reif werden
die Sonne scheint
die Blätter färben sich
farbig
der Wald
der Schnee / es schneit
die Blume
der Wind
der Sturm

kühl werden
kalt werden
grün werden
das Eis
warm werden
das Getreide
heiß werden
die Hitze
der Nebel / neblig
die Luft feucht/trocken sein
die Ernte / ernten
der Regen / es regnet
das Gewitter
die Blätter fallen
der Donner / es donnert
wachsen
die Tage werden länger/kürzer
der Schatten

b Welche Jahreszeiten gibt es bei euch? Was kann man dann (nicht) machen? Sammelt und sprecht in Gruppen.

Bei uns gibt es andere Jahreszeiten: Wir haben Regenzeit. Da kann man nicht …

2.12–16

c Hört die Jugendlichen. Welche Sätze sind richtig?

1. Alexandra liebt den Winter, aber die Kälte findet sie unangenehm.
2. Florian mag das Frühjahr. Im Sommer ist es ihm zu heiß.
3. Mila sagt, dass das Wetter im letzten Sommer schlecht war.
4. Yusuf hat das ganze Jahr Probleme, weil er eine Allergie hat.
5. Maria hat in einem Land gelebt, wo das Klima ganz anders als in Deutschland ist.

d Stellt euch vor, ihr könnt die Jahreszeiten und das Klima bestimmen. Wie wäre es in eurem Land? Schreibt zu zweit einen Text und gestaltet eine Seite.

5 Welches Umweltprojekt machen wir?

a Seht die beiden Umweltprojekte an. Welches gefällt euch besser? Warum?

A

Ökocamp Waldstein

Naturschutz in der Praxis

Wir fahren ins Ferienheim Waldstein und helfen aktiv beim Naturschutz mit.

- Der Sturm hat letztes Jahr große Teile des Waldes zerstört. Wir pflanzen Bäume und Sträucher.
- Wir machen das Ufer des Waldsteinersees sauber.
- Wir helfen, den Weg rund um den See barrierefrei zu machen.

B

Überleben im Wald

3 Tage ohne Technik

Nur mit den nötigsten Dingen übernachten wir drei Tage lang mitten im Wald.

- Wir machen im Waldcamp so weit wie möglich alles selbst: ein Zelt aus Ästen, eine Liegematte aus Gras, eine Schale zum Essen …
- Wir sammeln Pflanzen und Kräuter, aus denen wir einfache Speisen und leckeren Tee kochen.

b Für welches Camp haben sich die Freunde entschieden?

c Was erzählen die Freunde nach dem Camp? Ordnet zu.

1. Nadja sagt, dass das Waldcamp
2. Robbie findet, das Camp im Wald war
3. Pia hat wegen der Umwelt
4. Kolja sagt, dass die Arbeit am See

A trotz der Nässe Spaß gemacht hat.
B gern im Wald gearbeitet.
C trotz des Essens sehr cool.
D wegen der Insekten schrecklich war.

2.17

d Hört, was die Freunde sagen. Ergänzt die Sätze. Verwendet *wegen* oder *trotz*.

der Dreck • der Leiter • die Anstrengung • die Arbeit • die Umwelt

1. Nadja wollte … nicht ins Ökocamp gehen.
2. Kolja sagt, dass das Ökocamp … cool war.
3. Nadja meint, dass sie … nie mehr in ein Camp geht.
4. Pia hat … gern Bäume gepflanzt.
5. Robbie findet, das Waldcamp war … supercool.

Präpositionen mit Genitiv (I)

wegen	wegen der Arbeit
trotz	trotz des Essens

1. Nadja wollte wegen der Arbeit nicht ins Ökocamp gehen.

6 Das kannst du doch nicht machen!

a Ordnet die Sätze und Bilder zu. Warum sagt Linda das? Sammelt Vermutungen.

A *Du hast doch sowieso keine Zeit, das Bad zu genießen.*

B *Mama, hast du das Licht ausgemacht?*

C *Mama, du musst den Fernseher richtig ausschalten.*

D *Zieh dir doch einfach einen Pulli an.*

b Zu welchen Aussagen von Linda findet ihr einen Text? Welche Vorteile hat weniger Energieverbrauch?

1
Good Bye Stand-By
Fernseher und DVD-Player, CD-Player und andere Geräte verbrauchen viel Strom durch Stand-By-Betrieb. Wenn man die Geräte immer ganz ausschaltet, verbrauchen sie 10 % weniger Strom.
Ersparnis Stromkosten pro Jahr: ca. 64 € – Klimabilanz: ca. 150 kg weniger CO_2

2
Wohntemperatur: Spürt ihr ein Grad weniger?
Wenn die Temperatur im Zimmer ein Grad niedriger ist (z. B. 20 statt 21 °C), dann spart man 6 % der Heizkosten. In der Wohnung ist es immer noch warm genug.
Ersparnis Heizkosten pro Jahr: ca. 90 € – Klimabilanz: ca. 120 kg weniger CO_2

3
Deckel auf den Topf
Kochen ohne Deckel auf dem Topf braucht dreimal so viel Energie. Mit Deckel ist außerdem das Essen schneller fertig.
Ersparnis pro Jahr: Elektroherd ca. 30 €, Gasherd ca. 13 € – Klimabilanz: ca. 11 kg weniger CO_2

4
Duschen statt baden
Fünf Minuten Duschen braucht ca. 60 Liter Wasser, für ein Bad braucht man 120–180 Liter.
Ersparnis Energiekosten pro Jahr: zwischen 50 und 150 € – Klimabilanz: ca. 70 kg weniger CO_2

5
Licht nur bei Bedarf einschalten
Schaltet das Licht aus, wenn ihr einen Raum verlasst. Ein Haushalt verbraucht im Durchschnitt 10 % des Stromes, um leere Zimmer zu beleuchten.
Ersparnis Stromkosten: zwischen 50 und 150 € – Klimabilanz: ca. 270 kg weniger CO_2

c Kennt ihr noch andere Tipps zum Energiesparen? Sammelt in der Klasse.

Man soll den Kühlschrank nicht lange offen lassen.

Man kann auf Tüten aus Plastik verzichten.

7 Gute Tipps geben

a Was gehört zusammen? Ordnet zu.

1. Schalte das Licht aus, wenn du aus einem Raum gehst,
2. Man sollte öfter duschen statt baden,
3. Man kann die Temperatur in den Räumen um ein Grad senken,
4. Es ist gut, beim Kochen einen Deckel zu verwenden,

A damit die Kosten für die Heizung nicht so hoch sind.
B damit es schneller geht und man weniger Strom oder Gas verbraucht.
C damit du Strom und Kosten sparst.
D um Wasser und Energie zu sparen.

b Wozu ist das gut? Ergänzt die Sätze mit *damit* und *um ... zu* im Heft.

1. Schaltet den Fernseher richtig aus, ...
2. Verwendet Akkus statt Batterien, ...
3. Nehmt eine Tasche zum Einkaufen mit, ...
4. Dreht in der Nacht die Heizung zurück, ...
5. Trennt euren Müll, ...
6. Lasst den Computer nicht über Nacht an, ...
7. Nehmt Getränke in einer Trinkflasche mit, ...
8. Schließt die Türen zwischen kalten und warmen Zimmern, ...

Strom sparen • weniger Abfall produzieren • Heizkosten senken • Abfälle recyceln • keine Energie verschwenden • die Umwelt schonen

1. ..., um die Umwelt zu schonen.

Sätze mit damit und um ... zu

Man kann mit Deckel kochen.	Es geht schneller.
Man kann mit Deckel kochen,	**damit** es schneller geht.
Man kann duschen statt baden.	Man kann Strom sparen.
Man kann duschen statt baden,	**damit** man Strom spart.
	um Strom **zu** sparen.

8 Auslautverhärtung

2.18

a *t* oder *d*, *p* oder *b*, *k* oder *g*? Wie klingen die markierten Laute am Wortende? Hebt die Hand, wenn ihr *t*, *p* oder *k* hört.

1. Wald – Wälder
2. Wege – Weg
3. sagen – Sag!
4. Land – Länder
5. Gib! – geben
6. bleiben – Bleib!

b Wo spricht man *t*, *p* oder *k*? Schreibt diese Wörter ins Heft und markiert.

1. Zug
2. Hände
3. sieben
4. Leg!
5. Frag!
6. leben
7. lieben
8. lieb
9. mögen
10. Mund
11. Hunde
12. Dieb

1. Zug

2.19

c Hört zur Kontrolle. Sprecht mit.

9 Die Reise eines Erdbeerjoghurts: 7695 km

a Das braucht man für einen Erdbeerjoghurt. Wie heißen die Dinge? Ordnet zu.

das Glas • der Becher • der Deckel • der Zucker • die Erdbeere • das Etikett • die Milch • die Verpackung

b Woher kommen die Dinge für den Joghurt? Seht die Karte an und beschreibt.

Die Erdbeeren kommen aus Polen.

2.20 **c Hört den Radiobeitrag. Bringt die Aussagen in die richtige Reihenfolge.**

A Die **Erdbeeren** für den Joghurt kommen aus Polen. Lkws transportieren sie zuerst nach Aachen und von dort nach Stuttgart.

B Auf dem Joghurt kleben **Etiketten**, die eine Firma aus Kulmbach liefert.

C Bauern aus der Region Stuttgart produzieren die **Milch**. Lkws bringen sie von den Bauernhöfen in die Molkerei.

D Der **Zucker** für den Joghurt stammt wie die Milch aus der Region Stuttgart.

E Die Fabrik für die **Joghurtgläser** ist in Neuburg. Die **Deckel** für die Gläser kommen aus Weiden.

F Aus Niebüll im Norden kommen die **Joghurtkulturen** nach Stuttgart.

G Die **Verpackungen** für den Transport (Karton und Plastikfolie) kommen zum Teil aus Frankreich und Österreich.

10 Besuch aus der ganzen Welt

a Was ist bei euch im Kühlschrank? Woher kommen die Lebensmittel? Sammelt und recherchiert die Herkunft.

Käse – Der Käse kommt aus Frankreich.

b Präsentiert eure Ergebnisse in der Klasse.

Kannst du das schon?

Überzeugung ausdrücken

- Ich bin sicher, dass viele Tiere im Zoo zufrieden sind.
- Es stimmt schon, dass man im Zoo seltene Tiere sehen kann.
- Ich denke, dass die Käfige der Tiere im Zoo zu klein sind.
- Im Fernsehen gibt es schönere Dokumentationen über Tiere.

Substantive mit Endung -(e)n

- Im Zoo habe ich einen Affen gesehen.
- Ich möchte einmal auf einem Elefanten reiten.
- Ich hatte einen kleinen Hasen. Der war so süß.
- Ich habe viele Bücher über wilde Bären gelesen.

Jahreszeiten und Klima

- Frühling: warm werden | die Wärme | das Gras | grün werden | wachsen | der Baum | das Blatt | die Blume | blühen
- Sommer: heiß werden | die Hitze | feucht/trocken sein | die Sonne | der Schatten | das Gewitter | der Blitz | der Donner | der Sturm
- Herbst: kühl werden | der Nebel | das Getreide | reif werden | die Ernte | die Blätter färben sich | die Wolke | der Wind | der Regen
- Winter: kalt werden | die Kälte | der Schnee | es schneit | das Eis | die Tage werden kürzer/länger

Präpositionen mit Genitiv (I): wegen und trotz

- Kolja war gern im Ökocamp und fand es trotz der Arbeit toll.
- Robbie fand das Ökocamp wegen des Leiters cool.
- Nadja war im Waldcamp wegen des Drecks total unglücklich.
- Nadja fand das Waldcamp trotz des Leiters nicht gut.

Tipps für die Umwelt geben

- Schaltet den Fernseher aus und lasst ihn nicht im Stand-by-Betrieb.
- Man kann Akkus statt Batterien verwenden.
- Es ist gut, wenn man den Müll trennt.
- Man sollte öfter duschen statt baden.

Sätze mit damit und um … zu

- Linda duscht immer, damit sie Wasser spart. / um Wasser zu sparen.
- Sie heizt weniger, damit sie die Heizkosten senkt. / um die Heizkosten zu senken.
- Sie kocht mit Deckel, damit sie Strom spart. / um Strom zu sparen.

- Du hast schon recht.
- Das war supercool!
- Sowieso.

Noch einmal, bitte

Überzeugung ausdrücken

Tiere im Zoo. Macht je zwei Aussagen dafür und dagegen.

Substantive mit Endung -(e)n

Bildet je einen Satz über diese Tiere:

Jahreszeiten und Klima

Notiert zu jeder Jahreszeit drei Ausdrücke.

Präpositionen mit Genitiv (I)

Bildet Sätze mit *wegen* oder *trotz*:

Das Camp war gut: die Arbeit / der Leiter ☺
Das Camp war nicht gut: der Dreck / der Leiter ☺

Tipps für die Umwelt geben

Gebt drei Umwelttipps:

Fernseher ausschalten / Akkus statt Batterien / Müll trennen

Sätze mit damit und um … zu

Ergänzt die Sätze:

Linda duscht immer, …
Sie heizt weniger, …
Sie kocht mit Deckel, …

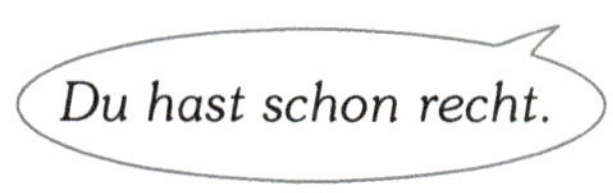

11

Wir lernen:
über Arbeit und Ausbildung sprechen | eine Folge ausdrücken | einen Beruf beschreiben | Sätze mit *so …, dass* / *sodass* | Fragewörter mit Präpositionen: *wovon, worauf …* | Adjektive ohne Artikel | Futur I: *er wird arbeiten*

An die Arbeit

1 Ist das Arbeit?

a Seht die Fotos an. Ist das Arbeit? Diskutiert in Gruppen.

Rasen mähen ist für mich keine Arbeit, weil …

Doch, das ist auch Arbeit, denn …

b Welche Ausdrücke passen zu den Fotos? Ordnet zu. Einige passen mehrmals.

Gehalt/Geld bekommen • Verantwortung übernehmen • sich engagieren • Spaß haben • etwas Nützliches machen • eine Aufgabe haben • etwas verändern • etwas für andere Menschen tun • körperlich anstrengend sein • mithelfen

Foto A: Geld bekommen, …

2.21–24

c Hört die Personen von den Fotos. Ist das für sie Arbeit? Welche Punkte aus 1b nennen die Personen?

d Arbeitet ihr auch manchmal? Macht Notizen und erzählt dann in der Klasse.

babysitten

Wenn meine Eltern ausgehen, muss ich auf meine kleine Schwester aufpassen.

2 Radiogespräch mit Finn und Tobias

2.25

a **Hört das Radiogespräch. Was wollen Finn und Tobias später werden? Warum?**

b **Hört noch einmal und ordnet zu.**

1. Finn ist die Arbeit mit kranken Menschen so wichtig,
2. Finns Mutter hat nicht studiert,
3. Tobias soll Jura studieren,
4. Tobias hat so gute Noten,
5. Tobias will viel Geld verdienen,

A sodass er später teure Autos und eine Villa kaufen kann.
B dass er auch weniger Gehalt akzeptiert.
C weil sie zu wenig Geld hatte.
D weil er das Büro seines Vaters übernehmen soll.
E dass er ins Gymnasium gehen kann.

eine Folge ausdrücken

Tobias will viel Geld verdienen.		Er kann eine Villa kaufen.
Tobias will **so** viel Geld verdienen,	**dass**	er eine Villa kaufen kann.
Tobias will viel Geld verdienen,	**sodass**	er eine Villa kaufen kann.

3 Meine Berufswahl

a **Was ist für eure Berufswahl wichtig? Wer oder was beeinflusst eure Wahl? Notiert fünf Punkte und sprecht mit einem Partner.**

Gehalt • Vorbilder • Fernsehen und Internet • Spaß • Kontakt mit Menschen • Einfluss der Eltern/Familie • Lehrer • eigene Interessen • Talent • flexible/feste Arbeitszeiten • Möglichkeit zum Reisen • berühmt werden • kurze Ausbildungszeit • selbstständig arbeiten • …

1. Talent
2. flexible Arbeitszeit
3. Gehalt
4. …

b **Schreibt einen Text.**

Gründe für meine Berufswahl
Ich habe ein Talent: Ich kann sehr gut Gitarre spielen. Das möchte ich auch im Beruf nützen. Außerdem möchte ich flexible Arbeitszeiten haben. Ich will nicht jeden Tag um 8 Uhr zur Arbeit gehen. Das ist doch langweilig. Wichtig ist für mich auch …

4 Satzmelodie bei oder-Fragen

2.26

a **Hört die Fragen. Zeigt die Satzmelodie mit den Daumen wie im Beispiel.**

Helfen euch eure Eltern bei der Berufswahl 👍 oder entscheidet ihr allein? 👎

2.27

b **Lest die Sätze laut und achtet auf die Satzmelodie. Hört zur Kontrolle.**

1. Möchtest du später studieren oder lieber gleich einen Beruf lernen?
2. Hast du schon einen Berufswunsch oder überlegst du noch?
3. Möchtet ihr auch im Ausland arbeiten oder nur in der Heimat?
4. Wollt ihr später viel verdienen oder ist der Spaß bei der Arbeit wichtiger?

5 Fotografin – ein Ausbildungsbericht

a Lest den Artikel aus der Schülerzeitung der Salvator-Realschule. Wie lange dauert Nicoles Ausbildung?

Auf dem Weg ins Arbeitsleben

Nicole (17) hat vor einem Jahr auf unserer Schule den Realschulabschluss gemacht und eine Ausbildung als Fotografin begonnen. Wenn ihr noch nicht wisst, was ihr nach der Schule machen wollt oder euch schon für diesen Beruf interessiert, solltet ihr unseren Bericht unbedingt lesen!

Nicole hatte schon als Kind von einer Karriere als Fotografin geträumt. „Zu meinem 8. Geburtstag haben meine Eltern mir die erste Kamera geschenkt. Danach habe ich einfach alles fotografiert", erinnert sie sich. In der 9. Klasse hat sie ein Praktikum bei einem Porträtfotografen gemacht und sich dann für eine Ausbildung als Fotografin entschieden.
Mit einem Realschulabschluss einen Ausbildungsplatz zu bekommen ist allerdings ganz schön schwer, denn die meisten Auszubildenden im Bereich Fotografie haben Abitur. Nicole hat es aber trotzdem geschafft, obwohl ihre Noten nicht so gut waren.
Wenn man sich um einen Ausbildungsplatz bewirbt, braucht man nicht nur eine normale Bewerbung mit Anschreiben, Lebenslauf, Zeugnissen, Foto und so weiter. Man muss auch zeigen, was man draufhat und dass man geeignet ist. Dazu braucht man eine Mappe mit eigenen künstlerischen Arbeiten. Nicole hatte Glück, denn ihrem Chef hat ihre Mappe sehr gut gefallen und die Noten waren ihm nicht so wichtig.

„Am Anfang der Ausbildung muss man sich an die langen Arbeitstage gewöhnen. Das war ziemlich hart, aber ich weiß noch genau, wie ich mich über das erste Gehalt gefreut habe. Von dem Geld habe ich mir eine tolle neue Fototasche gekauft", berichtet Nicole.
Montags und dienstags geht sie in die Berufsschule. Dort lernt man viel Theorie. Aber sie freut sich auch immer auf die Arbeit im Atelier und auf neue Projekte, obwohl sie sich ab und zu über unhöfliche Kunden ärgert. Sie hat die Absicht, nach der Ausbildung ihr eigenes Fotostudio aufzumachen. Ihr großer Traum ist es, auf Hochzeiten zu fotografieren oder mit richtigen Models zu arbeiten. Aber es gibt noch viele andere Möglichkeiten, als Fotograf zu arbeiten. Nicole hat genug Zeit, über ihre Zukunft nachzudenken, denn sie hat ja noch zwei Lehrjahre vor sich.
Falls ihr Fragen an Nicole habt, dann schreibt einfach eine Mail an die Redaktion: redaktion@salvator-realschule.de

Infobox: Fotograf/in

Voraussetzung: abgeschlossene Schulausbildung
Ausbildungsdauer: ★ Jahre
Ausbildungsform: Betrieb und Berufsschule

Gehalt/Einkommen:

1. Lehrjahr:	ca. 235 €
2. Lehrjahr:	ca. 255 €
3. Lehrjahr:	ca. 285 €

b Lest den Text noch einmal und bringt die Ereignisse in die richtige Reihenfolge. Erzählt dann in der Klasse.

Ausbildungsplatz bekommen • Praktikum machen • Realschulabschluss machen • neue Fototasche kaufen • arbeiten und zur Berufsschule gehen • erstes Gehalt bekommen • Bewerbung schreiben und Mappe machen • erste Kamera bekommen

Nicole hat ihre erste Kamera bekommen, dann …

c Beantwortet die Fragen zum Text.

1. Wovon hat Nicole schon als Kind geträumt?
2. Wofür hat sich Nicole nach dem Praktikum entschieden?
3. Worum hat sich Nicole beworben?
4. Woran musste Nicole sich zuerst gewöhnen?
5. Worüber hat sich Nicole am Anfang der Ausbildung gefreut?
6. Über wen ärgert sie sich manchmal?
7. Worüber kann Nicole noch zwei Jahre nachdenken?

1. Von einer Karriere als …

6 Ich träume von einer Karriere als …

a Bereitet Fragen für ein Partnerinterview vor. Schreibt zu jedem Verb eine Frage ins Heft.

1. sich interessieren für	2. sich freuen auf	3. sich bewerben um	4. träumen von
– Job als …	– erstes Gehalt	– Ausbildungsplatz bei …	– Karriere als …
– Praktikum bei …	– nette Kollegen	– Job als …	– tolle Kollegen
– Musiker	– interessante Projekte	– Stelle als …	– freundlicher Chef
– Schauspieler	– nette Kunden	– Praktikum bei …	– Stelle bei …
– Arbeit	– …	– …	– Arbeit
– …			– …

1. Für wen interessierst du dich?
2. Worauf freust …

Fragewörter mit Präpositionen

sich ärgern über (Akk.):	träumen von (Dat.):
Über wen ärgerst du dich?	**Von wem** träumst du?
Über eine Lehrerin.	Von meinem Chef.
Worüber ärgerst du dich?	**Wovon** träumst du?
Über lange Arbeitszeiten.	Von einer tollen Karriere.

b Gebt euer Heft einem Partner. Beantwortet die Fragen in seinem/ihrem Heft.

1. Für wen interessierst du dich?
Ich interessiere mich für Musiker.

7 Worauf freust du dich?

Notiert fünf Fragen mit den Verben aus dem Kasten auf einem Zettel. Geht in der Klasse herum und fragt fünf verschiedene Schüler.

träumen von • sich ärgern über • nachdenken über • sich interessieren für • sich entscheiden für • sich bewerben um • sich gewöhnen an • sich freuen über/auf

8 Ferienjobs

a Lest die Anzeigen. Welchen Job hättet ihr gern? Warum?

A
» Testkäufer/innen gesucht!
Bieten interessanten Job mit freier Zeiteinteilung in jungen, kompetenten Teams. Ein Nachmittag pro Woche.

Interesse? Dann bewirb dich hier.

B
Küchenhilfe
für Events und große Veranstaltungen gesucht!

Bieten tolle Möglichkeit, die Gastronomie kennenzulernen

Jetzt bewerben

C
Wau! Wau!
Suche für einsame Stunden netten Schüler, der mit mir lange Spaziergänge im Wald macht.
6 € / Std.
Bitte melden: 0152-333 44 555

D
5-köpfige Familie sucht nettes Mädchen mit fröhlichem Charakter ab 16 Jahren für **Kinderbetreuung** in den Ferien.

Tägliche Aufgaben: mit unserem Kleinen spielen, Essen vorbereiten, die großen Kinder zu Freunden bringen und abholen Bezahlung: 150 €/Woche, Mo.–Fr.

Ich hätte gern den Job als …

b Zu welchem Schüler passt welche Anzeige aus 8a? Zu einem Schüler passt keine.

1. Florian ist sehr tierlieb. Er ist auch gern in der Natur.
2. Bettina will Geld verdienen, aber sie hat nur mittwochs Zeit.
3. Daniel will später Koch werden. Er möchte in den Ferien Erfahrungen sammeln.
4. Karen will jeden Tag arbeiten. Sie liebt Shopping.
5. Inga hat schon viel Erfahrung als Babysitterin. Sie hat in den Ferien viel Zeit.

Ich denke, Anzeige A passt zu …

c Lest die Anzeigen. Schreibt sie ins Heft und ergänzt die Endungen.

A
Suche sympathisch★ Jugendlichen mit hervorragend★ Mathekenntnissen! Einmalig★ Gelegenheit! Nachhilfejob mit sehr gut★ Bezahlung: 15 € pro Stunde!!!
Meldet euch sofort unter 0152–333999.

B
Lust auf leicht★ Arbeit? Suche interessiert★ Jugendliche mit gut★ Deutschkenntnissen für Kinderbetreuung. Biete Ferienjob für reiselustig★ Leute auf traumhaft★ Nordseeinsel. Unterkunft und Essen frei. Bezahlung: 400 €/Woche!!!

Adjektive ohne Artikel

der	den	dem	
guter	guten	gutem	Job
das	das	dem	
tolles	tolles	tollem	Angebot
die	die	der	
nette	nette	netter	Familie
die	die	den	
einsame	einsame	einsamen	Stunden

d Macht Anzeigen und hängt sie auf. Welche gefällt euch am besten?

Suche schlauen Schüler, der schwere Hausaufgaben für mich erledigt. Bezahlung: 0 EUR/Std.

9 Antons Zukunftsträume

a Seht euch die Bilder an. Wovon träumt Anton? Bringt die Träume in die richtige Reihenfolge und ordnet die Texte zu.

1. Ich werde Zirkusdirektor sein und einen kleinen Zirkus haben. Mit dem Zirkus werde ich von Stadt zu Stadt fahren.
2. Ich werde in einem berühmten Zirkus arbeiten. Dort werde ich der beste Jongleur und Akrobat sein.
3. Ich werde in den Ferien an der Ostsee arbeiten, mit den Kindern jonglieren und viel Geld verdienen.

b Ordnet die Wörter den Bildern zu. Wählt ein Bild und beschreibt Antons Zukunft.

A

B

C

den Schülern Tricks zeigen • heimlich jonglieren • einen riesigen Zirkus besitzen • im Büro arbeiten • Lehrer sein • Zirkusdirektor sein • bei den Schülern beliebt sein • die Leute bewundern Anton • Angestellter sein • durch die Welt reisen • sich langweilen • Mathe unterrichten

Futur I

arbeiten	ich **werde** arbeiten
	er **wird** arbeiten

Anton wird im Büro arbeiten.

Ich glaube, Anton wird Angestellter sein und …

10 Meine Zukunft

Wie stellt ihr euch eure Zukunft vor? Schreibt zu folgenden Punkten einen Text.

- Beruf
- Familie und Haustiere
- Wohnort/Land
- Wohnsituation (Wohnung, Haus, Villa …)

Ich werde später ein berühmter Schauspieler sein. Natürlich werde ich in Hollywood in einer großen Villa wohnen. ...

11 Außergewöhnliche Berufe

a Welche Berufe kennt ihr schon? Sammelt in Gruppen. Welche Gruppe hat nach zwei Minuten die meisten Berufe?

b Seht das Foto an und lest die Wörter. Was ist der Mann vielleicht von Beruf?

über das Meer fahren • retten • wasserfeste Kleidung • an Land bringen • das Boot • die Touristen • Päckchen und Briefe • regnen und stürmen • der Briefträger • Menschen mitnehmen • der Notfall • Lebensmittel bringen • der Ausflug • der Fischer

2.28 **c** Hört den Bericht. Welche Ausdrücke aus 11b hört ihr? Was ist der Mann von Beruf?

d Seht das Foto an und sammelt zu diesem Beruf Ausdrücke an der Tafel.

Spielzeug
am Computer arbeiten
Figuren
...

2.29 **e** Hört jetzt den Bericht zu dem Foto aus 11d. Welche Ausdrücke von der Tafel hört ihr?

12 Berufe raten

▸LHB **a** Wählt in Gruppen einen Beruf und beschreibt ihn in einem kurzen Text. Sucht auch ein passendes Foto.

In diesem Beruf schaut man vielen Patienten in den Mund.

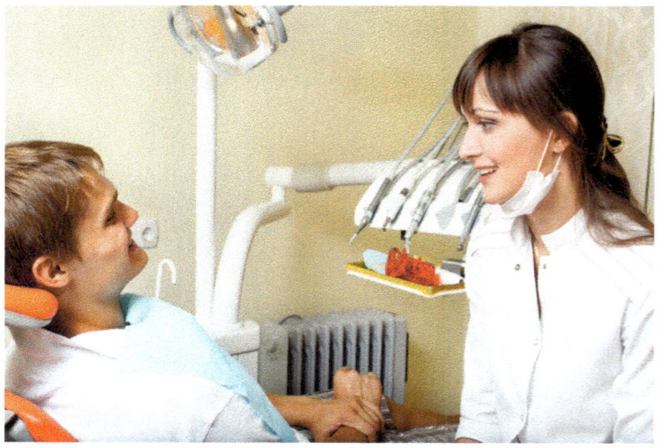

b Tauscht eure Fotos mit einer anderen Gruppe und sammelt Ausdrücke zum Beruf der anderen Gruppe. Lest euch dann gegenseitig eure Texte aus 12a vor und vergleicht mit euren Ausdrücken.

Kannst du das schon?

über Arbeit und Ausbildung sprechen

- das Gehalt | die Arbeitszeiten | der Spaß | die Verantwortung | der Kontakt mit Kollegen/Kunden
- viele Reisen | kurze Ausbildungszeit | interessante Projekte
- selbstständig sein | Chef sein | Angestellter sein | sich engagieren | anderen Menschen helfen | etwas verändern | kreativ sein

eine Folge ausdrücken

- Ich bekomme so wenig Taschengeld, dass ich samstags jobben muss.
- Ich verdiene so viel Geld, dass ich mir alles kaufen kann.
- Ich arbeite jeden Samstag, sodass ich wenig Zeit für meine Freunde habe.

Futur I

- Ich werde einen tollen Beruf haben.
- Ich werde viel reisen.
- Ich werde ein eigenes Haus mit Garten haben.
- Ich werde in einer berühmten Band singen.
- Ich werde in ein anderes Land ziehen.

Fragewörter mit Präpositionen

- Wofür interessierst du dich?
- Von wem hast du gestern geträumt?
- Worüber denkst du oft nach?
- Über wen ärgerst du dich oft?
- Worauf freust du dich?

Adjektive ohne Artikel

Biete interessanten Ferienjob für engagierte Schülerin mit guten Deutschkenntnissen. Hoher Lohn pro Stunde!

einen Beruf beschreiben

- Man verdient sehr viel / nicht so viel Geld.
- Man arbeitet viel mit den Händen / mit Maschinen / …
- Man ist viel draußen / im Büro / im Geschäft / …
- Man muss sehr früh aufstehen / auch nachts arbeiten.
- Man hat viele Kunden/Patienten/Kollegen/…

- Das war ziemlich hart.
- Schreib einfach 'ne Mail.
- Ähm, …

Noch einmal, bitte

über Arbeit und Ausbildung sprechen

Nennt mindestens fünf Punkte, die euch für euren Beruf oder eure Ausbildung wichtig sind.

eine Folge ausdrücken

Verbindet die Sätze:

Ich bekomme so wenig Taschengeld, …
Ich verdiene so viel Geld, …

… dass ich mir alles kaufen kann.

… dass ich samstags jobben muss.

Futur I

Wie sieht eure Zukunft aus? Schreibt drei Sätze.

Fragewörter mit Präpositionen

Ergänzt die Fragen:

___ interessierst du dich? (Sport)

___ hast du geträumt? (John)

___ denkst du nach? (Natur)

Adjektive ohne Artikel

Ergänzt die Endungen:

Biete interessant__ Ferienjob für engagiert__ Schülerin mit gut___ Deutschkenntnissen.

einen Beruf beschreiben

Beschreibt einen Beruf mit mindestens drei Sätzen.

Ähm, …

12

Wir lernen:
Gefühle beschreiben | über Freundschaft sprechen | sich verabreden | Modalpartikeln
Sätze mit *als* und *wenn* in der Vergangenheit | indirekte Ja-/Nein-Fragen: *ob* | Demonstrativartikel: *derselbe, denselben*

Große Gefühle

1 Horoskope

a Lest die Horoskope. Sind das gute Ideen? Was sagen die Horoskope?

1. Ein Widder will sich heute als Erste/r melden, um eine Präsentation zu halten.
2. Ein Widder will heute den ganzen Tag im Bett bleiben und niemanden sehen.
3. Ein Stier will heute eine Liebeserklärung machen.
4. Ein Stier will sich den ganzen Nachmittag für seine/ihre Prüfung vorbereiten.
5. Ein Zwilling ist sauer auf seinen Partner. Er/Sie will sich schnell wieder vertragen.
6. Ein Zwilling will heute im Unterricht schlafen.

1. eine gute Idee, 2. …

21.03.–20.04.
Widder

♥ ♥ ♥ ♥ ♥

Liebe + Freundschaft:
Du wirst heute großes Glück haben. Die Liebe deines Lebens wird dir begegnen. Lass sie nicht warten. Erobere ihr Herz. Vielleicht klappt es mit einem Liebesbrief … Ein guter Freund hilft dir dabei.

Schule:
Eine Präsentation in der Schule gelingt dir gut. Mach weiter so und deine Lehrer sind glücklich.

21.04.–20.05.
Stier

♥ ♥ ♥ ♥ ♡

Liebe + Freundschaft:
Schon lange gibt es eine wichtige Person in deinem Leben. Aber sie weiß noch nichts von deiner Liebe. Heute ist dein Tag. Mach den ersten Schritt! Aber Achtung! Ein guter Freund betrügt dich.

Schule:
Du musst mehr lernen, wenn du die Prüfung bestehen willst. Du musst dich besser konzentrieren!

21.05.–21.06.
Zwilling

♥ ♥ ♡ ♡ ♡

Liebe + Freundschaft:
Heute passiert bei dir viel in der Liebe. Lebst du in einer Beziehung? Dann werdet ihr euch streiten. Du musst großzügig sein und den ersten Schritt machen. Dann vertragt ihr euch ganz schnell wieder.

Schule:
Du bist intelligent, aber deine Lehrer wissen das noch nicht. Überrasche sie und melde dich heute in jeder Stunde mindestens drei Mal.

22.06.–22.07. **Krebs**

23.07.–23.08. **Löwe**

24.08.–23.09. **Jungfrau**

24.09.–23.10. **Waage**

24.10.–22.11. **Skorpion**

23.11.–21.12. **Schütze**

22.12.–20.01. **Steinbock**

21.01.–19.02. **Wassermann**

20.2.–20.03. **Fische**

2.30 **b Hört Kolja zu. Welches Sternzeichen ist er? Was hat er vor?**

c Wie findet ihr Horoskope? Diskutiert in der Klasse.

oft/manchmal/selten/nie lesen • im Internet / in der Zeitung / … ansehen • interessant • völliger Quatsch • wichtig • langweilig • witzig • peinlich • (nicht) an Horoskope glauben • stimmen nie/oft

2 Ein Liebesbrief?

a Lest den Brief, den Keiko bekommen hat. Warum ist das kein Liebesbrief?

Hi Keiko,
als du in unsere Klasse kamst, war das der Anfang vom Ende für mich.
Als du dich dann auch noch neben mich gesetzt hast, konnte ich mich nicht mehr konzentrieren.

Denn:
Immer wenn ich dein Lachen gehört habe, hörte ich die Lehrerin nicht mehr.
Immer wenn ich deinen Duft gerochen habe, musste ich mir die Nase zuhalten. Puh!
Immer wenn ich dein Lächeln gesehen habe, wurde mir übel.

Meine Noten wurden immer schlechter. Das war schlimm. Meine Eltern haben schon mit mir geschimpft.
Als die Lehrerin uns dann auseinandersetzte, wurde es besser. Ich bitte dich: Setz dich nie wieder neben mich!

Kolja

b Macht aus dem Brief einen Liebesbrief. Schreibt die als- und wenn-Sätze und das Ende neu.

ein neues Leben beginnen • es wie Musik klingen • dich immer ansehen wollen • nur an dich denken • alles andere vergessen • im siebten Himmel sein • sich verlieben • unglücklich sein • immer bei mir bleiben

Liebe Keiko,
als du in unsere Klasse kamst, hat ein neues Leben für mich begonnen.
Als du dich dann auch noch neben mich gesetzt hast, ...

Immer wenn ich ...

3 Wie war das früher bei euch?

Setzt *als* oder *wenn* ein und beendet die Sätze im Heft.

1. … ich meinen ersten Schultag hatte, …
2. … ich gute Noten bekommen habe, …
3. … ich morgens in die Schule gekommen bin, …
4. … die Schule aus war, …
5. … ich das erste Mal Deutsch gehört habe, …
6. … ich meine ersten Ferien hatte, …

1. Als ich meinen ersten Schultag hatte, hat meine Familie für mich ein Fest gefeiert.

Sätze mit als und wenn in der Vergangenheit

Als du in unsere Klasse kamst,
hat ein neues Leben für mich begonnen.
(Immer) **Wenn** ich dein Lachen gehört habe,
habe ich alles andere vergessen.

4 Was ist nur mit Keiko los?

a Lest den Zettel von Kolja und seht das Bild an. Ordnet die Ausdrücke den Personen zu.

zornig • enttäuscht • nachdenken über • sich merkwürdig verhalten • verwirrt • ärgerlich • sich wundern über • verletzt • zuhören • erklären • Angst haben vor • einen Rat geben

Kolja	Pia	Keiko
verwirrt enttäuscht		enttäuscht

Kolja ist anscheinend sehr verwirrt und Keiko …

2.31 **b Hört das Gespräch. Was ist mit dem Liebesbrief passiert?**

c Lest Koljas Fragen und hört noch einmal. Notiert dann Pias Antworten.

1. Hat sie meinen Brief gelesen?
2. Hat ihr der Brief gefallen?
3. Hasst sie mich jetzt?
4. Darf man in Japan keine Liebesbriefe schreiben?
5. Ist mein Computer kaputt?

1. Ja.

d Stellt die Fragen aus 4c indirekt. Euer Partner antwortet.

Weißt du, ob sie seinen Brief gelesen hat?

Ja, sie hat seinen Brief gelesen.

Indirekte Ja-/Nein-Fragen

	Mag Keiko ihn?
Ich weiß nicht,	**ob** Keiko ihn mag.
Kannst du mir sagen,	**ob** Keiko ihn mag?

5 Das geht dich nichts an!

a Lest die Überschriften im Forum und den Eintrag. Welche Überschrift passt?

	→ Leben → Privatsache: Das geht dich nichts an!	
☹	1. katwal96 Peinlich: Wie bekomme ich schreckliche Fotos von mir aus dem Internet?	14.10. 21:05 ▸
☹	2. lPascal Meine Freundin lässt mein Handy orten. Ich habe nix bemerkt!!!	14.10. 19:25 ▸
😐	3. Mr. Mega Ich will das nicht: Meine Eltern räumen immer noch mein Zimmer auf.	14.10. 17:03 ▸
☹	4. Jen1010 Meine Freundin liest meine Mails und manchmal antwortet sie sogar für mich.	13.10. 15:52 ▸
💣	5. Fluppix Mein bester Freund verrät meine Geheimnisse.	13.10. 12:34 ▸

	Ich bin stinksauer!
	Ich bin stinksauer! Meine Freundin (wir sind seit drei Monaten zusammen) kontrolliert mich. Ich wusste nichts davon, aber sie weiß jetzt immer, wo ich bin. Warum macht sie das? Sie hat gar keinen Grund, eifersüchtig zu sein. Was soll ich machen? Kann ich ihr noch vertrauen? Oder soll ich mich von ihr trennen?

b Lest die Antworten auf den Eintrag. Welche Antwort passt nicht? Findet eine Überschrift aus 5a für sie.

HippFlip *A*	Dieselben Probleme hat ein Freund von mir ebenfalls. Rede mit deiner Freundin. Sag ihr ganz klar, dass das mit dem Handy nicht in Ordnung ist. Das ist deine Privatsphäre. Und erkläre ihr, dass sie nicht eifersüchtig oder beleidigt sein muss.
Emil_F_03 *B*	Immer dasselbe Spiel: reden, reden, reden und am Ende ist man trotzdem unglücklich! Ich würde mich von ihr trennen. Sie hat schließlich etwas Illegales getan. Das ist doch keine Basis für eine Beziehung! Such dir eine neue Freundin und eine neue PIN.
DoriLoriLu *C*	Ich hatte erst denselben Gedanken wie du. Aber ich habe noch einmal nachgedacht. Lies doch auch mal ihre E-Mails, dann weiß sie, wie das ist. Dann versteht sie sicher, dass das nicht korrekt ist, auch wenn sie das behauptet hat.

6 Das kenne ich schon!

Spielt zu zweit. Der eine zeigt etwas. Der andere kennt alles schon.

Demonstrativartikel

	Nominativ	Akkusativ	
der	derselbe	denselben	Füller
das	dasselbe	dasselbe	Handy
die	dieselbe	dieselbe	Jacke
die	dieselben	dieselben	Probleme

7 Gute Freunde

a Was tun gute Freunde? Notiert die vier Punkte, die euch am wichtigsten sind.

1. sich bei Problemen helfen
2. sich oft treffen
3. nicht schlecht übereinander reden
4. ganz natürlich sein
5. gemeinsame Interessen haben
6. Geld leihen
7. gemeinsam etwas erleben
8. sich die Wahrheit sagen, auch wenn sie unangenehm ist
9. keine Geheimnisse voreinander haben
10. sich streiten
11. sich für den anderen freuen
12. nicht immer einer Meinung sein

2.32 **b Hört das Interview. Welche Punkte aus 7a erwähnt Ruben? Notiert im Heft.**

c Hört noch einmal. Sind die Sätze richtig oder falsch?

1. Ruben hat viele Freunde, die er noch nie gesehen hat.
2. Seinen Freund Gabriel hat er in der Schule kennengelernt.
3. Ruben und Lara waren ein Paar.
4. Ruben und Gabriel haben den gleichen Musikgeschmack.
5. Ruben und Gabriel haben das gleiche Hobby.

8 Modalpartikeln: Kleine Wörter, große Wirkung

2.33 **a Hört die Sätze. Was ist bei den B-Sätzen anders? Lest die Sätze laut.**

1.	A Erzähl!	B Erzähl mal!
2.	A 120 Freunde? Das sind ziemlich viele!	B 120 Freunde? Das sind aber ziemlich viele!
3.	A Sind das echte Freunde für dich?	B Sind das denn echte Freunde für dich?
4.	A Du kennst Gabriel schon lange.	B Du kennst Gabriel wohl schon lange.
5.	A Aber das habe ich schon gesagt.	B Aber das habe ich ja schon gesagt.

2.34 **b Hört die Sätze und sprecht nach.**

1. Wo hast du denn deine Freunde kennengelernt?
2. Wie viele Freunde hast du denn?
3. Dir geht es wohl nicht so gut.
4. Oh, das Fenster ist noch auf. Machst du das mal zu?
5. Wir haben uns ja lange nicht gesehen! Wie geht's?
6. Das ist aber nett! Danke für das Handy.

Modalpartikeln

mal	freundliche Aufforderung
denn	Interesse zeigen
ja	beide wissen das
aber	Überraschung
wohl	Vermutung

9 Ein Freunde-Interview

a Bereitet zu zweit Fragen für ein Interview wie in Aufgabe 7 zum Thema Freundschaft vor.

Was bedeutet denn Freundschaft für dich?
Welche Freunde wirst du wohl noch in 10 Jahren haben?
Dürfen dir gute Freunde die Wahrheit sagen?
Wie viele …?

b Sucht euch einen neuen Partner und tauscht die Fragen. Jeder macht sich kurze Notizen zu den Fragen. Führt dann die Interviews und nehmt sie auf.

▸LHB

10 Fotos

a Seht euch die Fotos an. Ist das Freundschaft? Warum (nicht)? Diskutiert in der Klasse.

nur Menschen Freunde sein • das gleiche Alter haben • viel Zeit miteinander verbringen • die gleiche Einstellung haben • Tier Mensch besser verstehen • den gleichen Geschmack haben

Foto 2 ist für mich eine richtige Freundschaft, denn …

Also, für mich ist das keine Freundschaft, weil …

Ich finde, Foto 1 zeigt …

b Wie sieht für euch ein typisches Bild zum Thema Freundschaft aus? Sucht im Internet oder in Zeitschriften. Beschreibt euer Bild.

Auf dem Foto sieht man … • Sie umarmen sich / sehen sich an. • Vorne/Hinten/Rechts/Links könnt ihr … sehen. • Das finde ich ganz typisch, weil … • Sie verbindet … • Sie sehen so … aus.

11 Ich kann mich nicht entscheiden.

2.35

a Hört das Gespräch. Wofür entscheidet sich Uwe am Ende?

Uwe

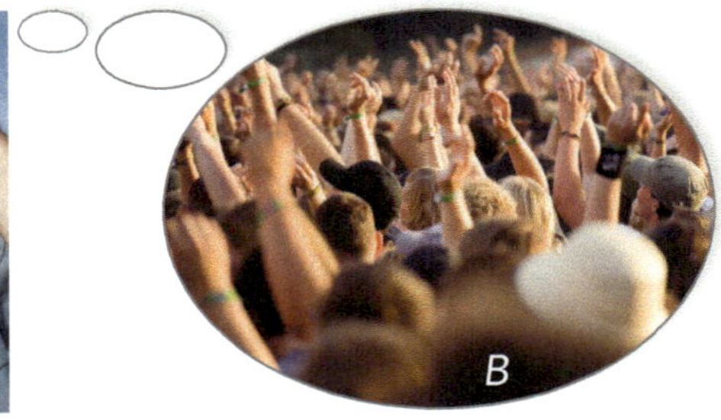

b Hört noch einmal. Was ist richtig? Notiert im Heft.

1. Die Sonix sind	A ein Fußballteam.	B eine Musikband.
2. Moritz hat heute	A ein wichtiges Fußballspiel.	B ein großes Konzert.
3. Die Sonix spielen	A nur heute.	B an mehreren Tagen.
4. Der größte Sonix-Fan ist	A Tom.	B Uwe.
5. Uwes Idee ist, dass	A Uwe zum Fußball geht.	B Tom zum Fußball geht.

c Spielt den Dialog zu zweit.

Hallo
→ Hallo – Sonix spielen
Echt? – unbedingt hin
→ Treffen: 16 Uhr, Konzerthalle
Geht nicht – Moritz Fußballspiel – versprochen mitzukommen
→ Sonix nur heute
Mist! Unbedingt zum Konzert – aber Moritz nicht enttäuschen – Was machen?
→ Moritz oft Fußball
Endspiel
→ größter Fan von den Sonix
stimmt – live sehen – Moritz absagen? – kein Freund da
→ allein schaffen
bessere Idee: ich zum Konzert
→ Genau!
du zum Spiel von Moritz
→ Äh …

d Spielt einen ähnlichen Dialog wie in 11c mit neuen Situationen.

Kannst du das schon?

Sätze mit als und wenn in der Vergangenheit

- Als ich den ersten Schultag hatte, bekam ich eine Schultüte.
- Als ich die ersten Ferien hatte, habe ich nur gefaulenzt.
- Immer wenn ich gute Noten bekam, hat mir Oma Geld gegeben.
- Wenn die Schule aus war, bin ich schnell nach Hause gelaufen.

Gefühle beschreiben

- Ich bin beleidigt/enttäuscht/verwirrt/zornig/verletzt/…
- … hat sich merkwürdig verhalten. / Ich wundere mich über …
- Ich denke über … nach. / Ich habe Angst vor …
- … erklärt mir die Situation. / … gibt mir einen Rat. / … hört mir zu.

indirekte Ja-/Nein-Fragen

- Kannst du mir sagen, ob Keiko Kolja nett findet?
- Weißt du, ob Kolja Keiko mag?
- Ich frage mich, ob Pia Kolja helfen kann.
- Weißt du, ob Kolja den Brief geschrieben hat?

Demonstrativartikel

- Derselbe Tisch / Dasselbe Spiel / Dieselbe Tasche steht hier.
- Denselben Tisch / Dasselbe Spiel / Dieselbe Tasche habe ich auch.
- Dieselben Klamotten habe ich auch im Schrank.

über Freundschaft sprechen

- den gleichen Geschmack / die gleiche Einstellung / das gleiche Alter / gemeinsame Interessen / … haben
- sich streiten / nicht immer einer Meinung sein / immer die Wahrheit sagen / nicht schlecht übereinander reden / …

Modalpartikeln

mal | denn | ja | aber | wohl

- Kannst du mir mal helfen?
- Meine Eltern machen Stress. Das kenne ich ja schon.
- Du siehst aber super aus.

sich verabreden

- ● Hallo Jonas. Kommst du morgen um 19 Uhr mit ins Kino?
- ○ Morgen? Das geht leider nicht. Ich bin mit Mirta verabredet.
- ● Aber der Film soll toll sein. Und er läuft nur morgen.
- ○ So ein Mist. Was soll ich nur machen?
- ● Frag doch Mirta, ob sie mitkommen will.
- ○ Ja, gute Idee. Ich ruf sie gleich mal an.

- Puh!
- Ich bin stinksauer!
- Das ist aber nett!

Noch einmal, bitte

Sätze mit als und wenn

Macht Sätze mit *als* und *wenn*:

erster Schultag – Schultüte
gute Noten – Oma Geld

Gefühle beschreiben

Wie fühlt ihr euch nach einem Streit / einem schlechten Tag? Was macht ihr dann?

indirekte Ja-/Nein-Fragen

Fragt indirekt:

Findet Keiko Kolja nett?
Kann Pia Kolja helfen?
Hat Kolja den Brief geschrieben?

Demonstrativartikel

Zeigt auf Gegenstände im Klassenzimmer und sagt, dass ihr dieselben habt.

über Freundschaft sprechen

Nennt vier Punkte, die für euch in einer Freundschaft wichtig sind.

Modalpartikeln

Macht die Sätze freundlicher:

Kannst du mir helfen?
Das kenne ich schon.
Du siehst super aus!

sich verabreden

Spielt den Dialog:

- ● ins Kino morgen?
- ○ geht nicht – Mirta
- ● Film toll – nur morgen
- ○ Was machen?
- ● Mirta mitkommen

Grammatikübersicht

Futur I: *werden* + Infinitiv

	arbeiten	
ich	**werde**	arbeiten
du	**wirst**	arbeiten
er/es/sie	**wird**	arbeiten
wir	**werden**	arbeiten
ihr	**werdet**	arbeiten
sie/Sie	**werden**	arbeiten

			Satzende
Bald	wird	Anton in einem Zirkus	arbeiten.
Die Kinder	werden	ihn als Clown	lieben.
	Wird	er einmal Direktor	sein?

Trennbare Verben im Präteritum

			Satzende
Hanna	fing	eine Ausbildung als Fotografin	an.
Die Ausbildung machte Spaß,		weil sie viel	ausprobierte.

Verben im Plusquamperfekt

	lernen		gehen	
ich	**hatte**	gelernt	**war**	gegangen
du	**hattest**	gelernt	**warst**	gegangen
er/es/sie	**hatte**	gelernt	**war**	gegangen
wir	**hatten**	gelernt	**waren**	gegangen
ihr	**hattet**	gelernt	**wart**	gegangen
sie/Sie	**hatten**	gelernt	**waren**	gegangen

Michael hat eine Party gefeiert.
Vorher hatte er alle Freunde angerufen.

Bald waren nur noch wenige Gäste da.
Hatte es ihnen nicht gefallen?

Susi hat sich am nächsten Tag entschuldigt, weil sie nicht gekommen war.

Nebensätze in der Vergangenheit mit *nachdem*, *wenn* und *als*

nachdem	Marieke lernt für die Prüfung. Sie ist müde. → **Nachdem** Marieke für die Prüfung gelernt hat, ist sie müde.
wenn	Marieke kam nach einer Reise nach Hause. Sie war glücklich. → (Immer) **Wenn** Marieke nach einer Reise nach Hause kam, war sie glücklich.
als	Marieke ist das erste Mal Ski gefahren. Sie brach sich das Bein. → **Als** Marieke das erste Mal Ski gefahren ist, brach sie sich das Bein.

Nebensätze mit *sodass* und *so ... dass*

sodass	Anna will einen guten Abschluss,	**sodass** sie später viel Geld verdient.
so ... dass	Anna will **so** einen guten Abschluss,	**dass** sie später viel Geld verdient.

Nebensätze mit *damit* und *um … zu*

	Gustav schaltet das Licht an.	Sein Opa sieht besser.	Gustav sieht besser.
damit	Gustav schaltet das Licht an,	**damit** sein Opa besser sieht.	**damit** er besser sieht.
um … zu	Gustav schaltet das Licht an,	---	**um** besser **zu** sehen.

Indirekte Ja-/Nein-Fragen

Kommt Martin ins Kino mit?	→ Weißt du, **ob** Martin ins Kino	mitkommt?
Müssen wir Karten reservieren?	→ Sag mir bitte, **ob** wir Karten reservieren	müssen.

Substantive mit Endung *-(e)n*

Nominativ	Akkusativ	Dativ	Genitiv
der/ein Mensch	den/einen Mensch**en**	dem/einem Mensch**en**	des/eines Mensch**en**

Ebenso: der Name, der Junge, der Nachbar, der Praktikant, der Affe, der Löwe, der Elefant

Adjektive ohne Artikel

	Nominativ		Akkusativ		Dativ
der	Groß**er** Spaß!	den	Suche nett**en** Schüler …	dem	aus nah**em** Stadtteil.
das	Einmalig**es** Angebot!	das	Biete neu**es** Buch …	dem	aus teur**em** Laden.
die	Toll**e** Chance!	die	Mache lang**e** Reise …	der	mit traumhaft**er** Unterkunft.
die	Cool**e** Jobs warten!	die	Brauche wach**e** Leute …	den	mit gut**en** Kenntnissen.

Demonstrativartikel: *derselbe, denselben*

	Nominativ		Akkusativ
der	Da läuft derselbe Hund.	**den**	Denselb**en** Film habe ich auch gesehen.
das	Dasselbe Lineal liegt hier.	**das**	Dasselbe Eis noch einmal, bitte.
die	Dieselbe Blume blüht im Garten.	**die**	Dieselbe Aufgabe habe ich gemacht.
die	Dieselb**en** Taschen sind hier.	**die**	Dieselb**en** Schuhe habe ich auch bestellt.

Präpositionen mit Genitiv

wegen	**Wegen des** Regen**s** war es nass.	**trotz**	**Trotz der** Insekten war es super.

Fragewörter mit Präpositionen

	Person	Sache
Präposition mit Akkusativ	● **Über wen** redet ihr die ganze Zeit? ○ Über dich.	● **Worüber** redest du im Referat? ○ Über die Umwelt.
Präposition mit Dativ	● **Von wem** träumst du? ○ Von einem Star.	● **Wovon** träumst du? ○ Von einer Karriere als Sängerin.

Ebenso: ohne *r*: wofür, wogegen, womit, wonach, wovor, wozu, wobei, wodurch
mit *r*: woran, worauf, woraus, worin, worum, worunter

Zahlen und Fakten zu D-A-CH

Deutschland

Österreich

die Schweiz

1 Infos, Infos, Infos

a Arbeitet in Gruppen. Wählt ein Land aus (Deutschland, Österreich oder die Schweiz) und sucht alle passenden Informationen und Bilder auf dieser Seite.

A

Hauptstadt Berlin

1. Fläche:
a 83 859 km²
b 357 027 km²
c 41 285 km²

B

Hauptstadt Bern

2. Einwohner:
a ca. 7,8 Millionen
b ca. 8,4 Millionen
c ca. 81,7 Millionen

C

Währung: Euro/Cent

D

Währung: Franken/Rappen

3. Wichtige Städte:
a Zürich, Genf, Basel, Lausanne
b Graz, Linz, Salzburg, Innsbruck
c Hamburg, München, Köln, Frankfurt am Main

E

Hauptstadt Wien

4. Sprachen:
a Deutsch, Kroatisch, Slowenisch, Ungarisch
b Deutsch
c Deutsch, Italienisch, Französisch, Rätoromanisch

G
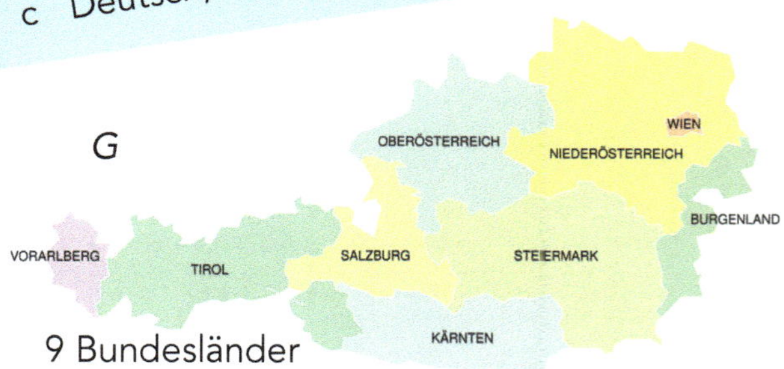

9 Bundesländer

F

26 Kantone

H

16 Bundesländer

5. Bekannt für:
a Autos, Bratwurst, Bier, Fußball
b Kaffeehäuser, Skifahrer, Walzer, Sachertorte
c Banken, Uhren, Käse, Schokolade

6. Längster Fluss:
a Rhein (865 km im Land)
b Rhein (375 km im Land)
c Donau (351 km im Land)

7. Höchster Berg:
a Großglockner (3798 m)
b Zugspitze (2962 m)
c Dufourspitze (4634 m)

b **Macht ein Plakat zu „eurem“ Land aus 1a. Sucht Fotos und schreibt Stichpunkte. Ihr könnt auch eigene Informationen recherchieren. Präsentiert das Ergebnis in der Klasse.**

2 Ein Steckbrief

▸LHB **a** **Denkt euch zu zweit einen typischen deutschen, österreichischen oder Schweizer Jugendlichen aus. Gebt ihm/ihr einen Namen und sucht ein passendes Foto. Beantwortet dann die Fragen und macht einen Steckbrief.**

1. Wie alt ist er/sie?
2. Wo wohnt er/sie?
3. Wie wohnt er/sie? (in einem Haus / einer Wohnung / …)
4. Was macht er/sie am liebsten in der Freizeit?
5. Wofür gibt er/sie am meisten Geld aus?
6. Wo hat er/sie schon einmal Urlaub gemacht?
7. Was ist sein/ihr Lieblingsland?
8. Was ist sein/ihr Lieblingsort in seinem/ihren Land?
9. Welche Musik hört er/sie?
10. Was gibt es in seinem/ihrem Zimmer?
11. Auf welche Schule geht er/sie?
12. Was ist sein/ihr Lieblingsfach?
13. Was möchte er/sie später von Beruf werden?
14. Wie alt sind seine/ihre Eltern?
15. Was machen seine/ihre Eltern beruflich?
16. Wie viele Geschwister hat er/sie?
17. Wie alt sind seine/ihre Geschwister?
18. Was für Fahrzeuge besitzen seine/ihre Eltern?

b **Sucht euch einen neuen Partner und macht Interviews.**

Wie heißt du?

Ich heiße Sepp Kraxnberger und bin 17 Jahre alt. Und wie heißt du?

13

Wir lernen:
nachfragen | Hinweise in Verkehrsmitteln verstehen | in Lokalen bestellen
eingeschobene Relativsätze | Passiv Präsens: *Das Gepäck wird kontrolliert.* | *während* + Genitiv

Auf Reisen

1 Ich war gerade in ...

a Wo waren die Personen in den Ferien? Was haben sie dort gemacht? Sammelt Vermutungen.

Pascal

Lena

Esra

Stefan

tauchen – *am Meer*
im Sportcamp
Trampolin springen – *bei Verwandten*
eine Reise machen – *Kängurus füttern*

Vielleicht war Pascal auf seiner Reise im Zoo und hat ...

2.36

b Zu welcher Person passen die Sätze? Hört das Gespräch. Sind die Sätze richtig oder falsch?

1. Die Person hat im Garten viel Spaß gehabt.
2. Die Person war mit ihrer Reise nach Australien nicht ganz zufrieden.
3. Die Person hat in den Ferien einen Tauchkurs gemacht.
4. Die Person war in einem Sportcamp, wo sie auch viel gefaulenzt hat.
5. Die Person hat beim Tauchen nette Typen getroffen.
6. Die Person hat frische Beeren aus dem Garten gegessen.

c Welche Reisen habt ihr schon gemacht? Sammelt in der Klasse.

Ich war schon oft mit Jugendgruppen unterwegs.

Letzten Sommer waren wir am Grand Canyon.

2 Ferienerinnerungen

a Was haben die vier Jugendlichen erzählt? Ordnet die Relativsätze zu.

1. Das Fleisch,	wo es schön heiß war,	war lecker.
2. Das Känguru,	mit der ich im Urlaub war,	hat mich fast gebissen.
3. In Kroatien,	das ich füttern durfte,	bin ich getaucht.
4. Das Sportcamp,	das wir gegrillt haben,	war total anstrengend.
5. Die Freundin,	in dem ich zehn Tage lang war,	mag ich sehr.

Das Fleisch, das wir gegrillt haben, war lecker.

b Welches Wort kommt in beiden Sätzen vor? Verbindet die Sätze mit einem eingeschobenen Relativsatz.

1. Pascal fand die Reise nicht so toll. Er hat die Reise mit seinem Vater gemacht.
2. Der Flug war langweilig. Der Flug hat 24 Stunden gedauert.
3. Das Sportcamp war anstrengend. Stefan war in dem Sportcamp.
4. Lena und ihre Freundin lernen jetzt tauchen. Ihre Freundin war auch in Kroatien.
5. Esra fand den Garten super. In dem Garten steht ein Trampolin.

1. Pascal fand die Reise, die er mit seinem Vater gemacht hat, nicht so toll.

eingeschobene Relativsätze

Esra hat eine Tante. Die Tante wohnt in Landau.
Esra hat eine Tante, **die** in Landau wohnt.

Esra hat ihre Tante besucht. Die Tante wohnt in Landau.
Esra hat ihre Tante, **die** in Landau wohnt, besucht.

3 Nachrichten aus den Ferien

Formuliert die Nachrichten in einem Satz.

1. Die Schulschlussparty gestern, die bis zwei Uhr gedauert hat, war mega.

4 Träume verkaufen – Träume kaufen

a Lest die Situationen 1–6. Welche Anzeigen passen? Schreibt X, wenn keine Anzeige passt.

1. Eure Gruppe möchte während der Ferien das Strandleben genießen.
2. Du würdest gerne mit Freunden Silvester in der Hauptstadt feiern.
3. Deine Eltern erlauben, dass du während der Winterferien mit einer betreuten Jugendgruppe wegfährst.
4. Du möchtest während des Aufenthalts in den Bergen einen Skikurs besuchen.
5. Deine Eltern wollen während des Urlaubs shoppen und entspannen, aber du möchtest Partys feiern.
6. Du möchtest eine Woche in Berlin sein und auch Schlösser besuchen.

1 – B, 2 –

Winter im schönsten Tal der Alpen – Sonne, Schnee und Spaß

Ihr wohnt während des Skiurlaubs im Gasteiner Tal in einer gemütlichen Frühstückspension mit Mehrbettzimmern, die freundlich eingerichtet und jeweils mit fließend Wasser oder Du/WC ausgestattet sind. DZ/EZ gegen Aufpreis. Super Skischule im Ort. Skipass und Anreise sind nicht im Angebot enthalten. Spaß im Schnee vom 11.12.–01.05.; je nach Zeit und Unterkunft ab **199,– €** p. P. Nähere Auskunft gibt's im Reisebüro!

Bulgarien – Unser Angebot für Jugendgruppen mit Betreuung

Nach komfortabler Anreise im Flugzeug kann es losgehen:
2 Disco-Meilen, coole Locations, modernes Hotel! Und ein traumhafter Strand ist beim Namen *Goldstrand* sowieso klar! Beachvolleyball, Jet-Ski (ab 16 Jahren) und vieles mehr ist während der Woche möglich.
7 Tage im 3***-Budget-Hotel mit Aufzug und Frühstück, je nach Abflugort in Deutschland und Saison ab **409,– €**
Angebot gültig von April bis Oktober

Erlebnis Berlin
Ihr habt 3 Tage und 2 Übernachtungen, um die Partymetropole zu erkunden und mit 1,2 Millionen anderen ins neue Jahr zu feiern. Am 30.12. mittags erreicht ihr die Hauptstadt. Ihr habt Zeit für eine Stadtrundfahrt. Im Anschluss macht ihr Berlin unsicher.
31.12.: Fahrt zum Schloss in Potsdam, dann steigt die Berliner Party.
Rückfahrt: 01.01., 14.00 Uhr.
Busreise, Übernachtung im Mehrbettzimmer, je nach Abreiseort ab **169,– €**

Große Nachfrage, schnell buchen!

Es ist das beliebteste Urlaubsziel der Deutschen – nicht ohne Grund:

Mallorca

Freizeitaktivitäten ohne Ende, Shoppen an der Promenade des Ballermanns oder entspannen am Sandstrand.
Unsere Hotels liegen direkt an der Partymeile, nur wenige hundert Meter vom Strand entfernt. Zimmer mit Klimaanlage, Badewanne, Balkon/Terrasse mit Aussicht, Sat-TV; Frühstücks-, Mittags- und Abendbüfett; mit Flug ab Deutschland, je nach Abflugort und Zeit ab **499,– €**

b Was macht ihr in dieser Zeit am liebsten? Schreibt fünf Sätze mit *während*.

eine Zugfahrt • die Ferien am Meer • ein Flug • der Urlaub zu Hause • eine Autofahrt • der Aufenthalt im Hotel • ein Winterurlaub im Schnee

während + Genitiv
während des/eines Urlaubs
während der/einer Autofahrt
während der Ferien

Während einer Zugfahrt spiele ich am liebsten ein Computerspiel.

5 Wie bitte?

2.37–40

a Hört zu. Was ist das Thema der Durchsagen?

1. A die Ankunft des Zuges
   B die Abfahrt des Zuges
2. A alle einsteigen
   B alle aussteigen
3. A das schlechte Wetter
   B die Gleisänderung
4. A die Änderung des Gates
   B die Verspätung des Fluges

b Die Jugendlichen haben nicht verstanden. Hört noch einmal. Wie fragen sie nach?

Entschuldigen Sie, was heißt …? • Entschuldigung, was hat sie gesagt? •
Können Sie mir sagen, wie spät es ist? • Ich habe eine Frage: … • Können Sie mir helfen?
Ich verstehe das nicht. • Entschuldigung, ist das der Bus ins Zentrum? •
Bitte, was bedeutet denn …? • Ich habe das nicht verstanden. • Kannst du es wiederholen?

LHB **c Spielt zu zweit. Der Erste sagt ein Wort, der Zweite fragt zwei Mal nach. Erst dann erklärt der Erste das Wort. Verwendet die Ausdrücke aus 5b.**

die Platzreservierung
Man hat vor der Zugfahrt einen festen Sitzplatz in einem Wagen reserviert.

die Sicherheitskontrolle
Dort kontrolliert man alle Personen, ob sie gefährliche Gegenstände dabeihaben.

die Zeitverschiebung
Wenn es in Berlin 11.00 Uhr ist, ist es in New York 6.00 Uhr und in Moskau 13.00 Uhr.

die Ersatzhaltestelle
Man kann eine Bushaltestelle nicht benutzen, aber es gibt eine andere als Alternative.

Platzreservierung.

Kannst du mir helfen? Was heißt Platzreservierung?

6 Was bedeutet denn das?

a Was bedeuten diese Hinweise? Ordnet sie den Schildern zu.

1 Nur bei Gefahr betätigen. Missbrauch ist strafbar.

2 Bitte überlassen Sie Ihren Sitzplatz älteren Personen, Personen mit Behinderung oder Müttern mit Kindern.

3 Aus Rücksicht auf Ihre Mitreisenden bitte nicht telefonieren.

4 Bitte rechtzeitig „Stop“ drücken, wenn Sie an der nächsten Station aussteigen wollen.

5 BITTE VERWENDEN SIE DEN SICHERHEITSGURT. BLEIBEN SIE WÄHREND DES FLUGES ANGESCHNALLT.

6 SCHWARZFAHREN LOHNT SICH NICHT.

A

B
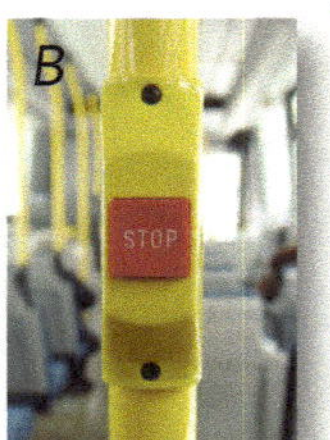

C

D

E

F
Bei Schwarzfahrern sehen wir rot.
Und Sie zahlen 40 EURO!

b Malt Schilder und schreibt auf, was sie bedeuten. Zeigt den anderen nur die Schilder. Sie raten die Bedeutung.

7 Ich habe gewonnen!

2.41

a Lest den Brief und hört das Gespräch. Worüber sprechen Pia und ihre Mutter? Wer fährt mit Pia mit?

CooltripsKG Jugendreisen
Zockeplatz 7
11520 Göckingen

Pia Rehmler
Logenweg 7
68618 Glücksdorf

Betreff: Dein Gewinn

Hallo Pia,
bei unserem Gewinnspiel hast du gewonnen. Wir gratulieren zu einer Woche Griechenland für 2 Personen.

Unsere Leistungen

- Abholung von zu Hause
- Begleitung am Flughafen bis zum Check-in
- Empfang durch den Reiseleiter
- Fahrt zum Hotel „Club Artemides" in Chalkida
- Ausflug und Führung durch Athen mit Akropolis
- Vollpension im Hotel

Unsere geschulten Reiseleiter betreuen euch rund um die Uhr.

b Pias Mutter hat viele Fragen. Ordnet die Antworten zu. Der Brief aus 7a hilft.

1. Wie kommst du denn zum Flughafen?
2. Kennst du dich am Flughafen aus?
3. Was passiert, wenn ihr in Griechenland landet?
4. Wie kommt ihr ins Hotel?
5. Und was macht ihr in Athen?
6. Wie sieht es mit dem Essen aus?

A Wir werden bis zum Check-in begleitet.
B Ich werde zu Hause abgeholt.
C Wir werden mit einem Bus dorthin gebracht.
D Dort wird uns die Akropolis gezeigt.
E Im Hotel gibt es Vollpension.
F Da werden wir am Flughafen empfangen.

c Pia und Nadja am Flughafen. Was macht man dort?

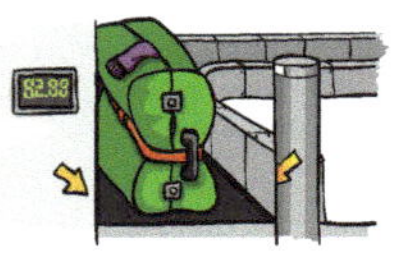

1. Die Koffer werden gewogen.

2. Die Bordkarte wird kontrolliert.

3. Das Gepäck wird auf das Band gelegt.

4. Das Handgepäck wird gescannt.

5. Die Passagiere werden zum Flugzeug gefahren.

1. Man wiegt die Koffer.

Passiv Präsens

Die Bordkarte **wird** kontrolliert.
→ Man kontrolliert die Bordkarte.
Die Koffer **werden** gewogen.
→ Man wiegt die Koffer.

8 Pia und Nadja auf Reisen

2.42–44

a Hört die Mailbox-Nachrichten. Für wen sind sie? Was ist das Problem?

Der erste Anruf ist von … für …

b Lest die SMS. Zu welchem Anruf aus 8a passen sie? Hört noch einmal zur Kontrolle.

A

Bin schon unterwegs zum Flughafen. Plato ist auch dabei. Er merkt, dass etwas los ist. Wir machen einfach einen langen Spaziergang. Freue mich!

Optionen Weiter Zurück

B

Du Armer, du! Wir sind auch müde, aber vom Nichtstun! *gg* Und jetzt holen wir uns lauter leckere Sachen vom Büfett, biba.

Optionen Weiter Zurück

C

Kein Problem, ich freu mich schon auf euch. Essen? Am liebsten ein leckeres Abendbrot mit Schwarzbrot, Käse und Wurst.

Optionen Weiter Zurück

c Seht die Bilder an. Wie war die Reise? Schreibt eine E-Mail an Paul.

sich freuen • eine super Zeit haben • enttäuscht sein • etwas furchtbar finden • müde sein • etwas langweilig finden • sich amüsieren • mehr erwarten • die Zeit genießen • begeistert sein • etwas positiv/negativ finden

Lieber Paul,
toller Urlaub! Zuerst waren wir etwas enttäuscht vom Bus, aber …

9 *n – ng – nk*

2.45

a Welches Wort hört ihr? Sprecht es nach.

1. A Henne	B hänge	3. A Sinn	B Sing!	5. A dann	B Dank
2. A Anne	B Anke	4. A Wanne	B Wange	6. A Wind	B winkt

2.46

b *n/nn, ng* oder *nk*? Hört zu. Schreibt die Wörter ins Heft. Lest sie dann laut.

1. dri…en	3. a…eln	5. Ba…	7. dra…	9. tri…en	11. Zeitu…
2. si…en	4. bri…en	6. da…	8. Pu…t	10. fa…en	12. li…s

1. drinnen

10 Was darf's sein?

a Ordnet die Gespräche. Spielt sie in der Klasse vor.

Gast 1

1. Ich glaube, ich mag eine Gemüsesuppe. Und du?
2. Lasagne? Das ist auch eine gute Idee. Sollen wir die nehmen?
3. Und was trinkst du?

Gast 2

A Ach ne, Moment, die Lasagne ist mir zu teuer, 7 Euro 50. Ich nehme doch die Spaghetti.

B Nein, das ist nichts für mich. Ich nehme lieber Spaghetti. Oder vielleicht Lasagne?

C Orangensaft.

Bedienung

1. Habt ihr schon was zum Essen ausgesucht? Was darf's sein?
2. Lasagne … Ist notiert. Und was möchtest du?
3. Welche? Mit Hackfleisch- oder Tomatensoße?
4. Und zum Trinken?
5. Und für dich?
6. Noch was?

Gäste

A Ich nehme lieber einen Orangensaft.

B Für mich eine Lasagne, bitte.

C Eine Flasche Wasser für mich.

D Ich hätte gern die Spaghetti.

E Nein, danke. Das ist alles.

F Mit Tomatensoße.

Bedienung

1. Hat's geschmeckt?
2. Zusammen oder getrennt?
3. Lasagne und Wasser, das macht 9 Euro 10.
4. Danke. Spaghetti und Orangensaft, das macht 7 Euro 60.

Gäste

A 9 Euro 50. Stimmt so.

B Getrennt, bitte. Und wir zahlen bar.

C Ja, danke. Es war richtig lecker. Können wir zahlen?

D Hier sind 8 Euro. Der Rest ist Trinkgeld. Auf Wiedersehen.

b Arbeitet zu dritt. Variiert die Dialoge aus 10a mit euren Lieblingsspeisen und -getränken. Tauscht dann die Rollen.

c Stellt euer Traummenü zusammen. Präsentiert euren Vorschlag in der Klasse.

Kannst du das schon?

nachfragen
- Entschuldigung, ich habe eine Frage: Was hat er/sie / haben Sie gesagt?
- Tut mir leid, das habe ich nicht verstanden.
- Können Sie / Kannst du mir bitte helfen? Ich verstehe das nicht.
- Bitte, was bedeutet das?
- Können Sie das wiederholen, bitte?

Hinweise in Verkehrsmitteln verstehen
- Hier darf man nicht telefonieren.
- Bitte überlassen Sie den Sitzplatz älteren Personen oder Müttern mit Kindern.
- Bitte verwenden Sie den Sicherheitsgurt.
- Schwarzfahren ist nicht erlaubt.
- Drücken Sie „Stopp“, wenn Sie aussteigen möchten.

eingeschobene Relativsätze
- Ich habe auf der Reise, die lang gedauert hat, geschlafen.
- Der Strand, an dem / wo wir dieses Jahr waren, war super.
- Die Ferien, die ich bei meiner Tante gemacht habe, waren schön.
- Im Sportcamp, in dem Stefan war, haben die Jungen viel trainiert.

während + Genitiv
- Während des Fluges nach Mallorca habe ich geschlafen.
- Während des Konzerts haben die meisten Leute getanzt.
- Während der Autofahrt habe ich Nintendo gespielt.
- Während der Ferien habe ich neue Freunde kennengelernt.

Passiv Präsens
- Der Ausweis wird kontrolliert. / Man kontrolliert den Ausweis.
- Die Koffer werden gewogen. / Man wiegt die Koffer.
- Das Gepäck wird gescannt. / Man scannt das Gepäck.
- Die Tasche wird auf das Band gelegt. / Man legt die Tasche auf das Band.

in Lokalen bestellen
- Ich möchte/nehme Spaghetti / einen Hamburger / …
- Ich hätte gern eine Lasagne / einen Hamburger / …
- Für mich einen Orangensaft / ein Glas Wasser / …, bitte.
- Kann ich / Können wir bitte zahlen?

- Was darf's sein?
- Hat's geschmeckt?
- Das war richtig lecker!

Noch einmal, bitte

nachfragen
Was kann man sagen, wenn man etwas nicht verstanden hat?
Nennt vier Fragen oder Bitten.

Hinweise in Verkehrsmitteln verstehen
Was bedeuten diese Schilder?

eingeschobene Relativsätze
Macht eingeschobene Relativsätze:
Ich habe auf der Reise (lang dauern) geschlafen.
Der Strand (dieses Jahr sein) war super.

während + Genitiv
Schreibt Sätze. Was macht ihr während …?

die Autofahrt, die Ferien, der Flug, das Konzert

Passiv Präsens
Bildet Sätze mit *man*:

Der Ausweis wird kontrolliert.
Die Koffer werden gewogen.
Das Gepäck wird gescannt.

in Lokalen bestellen
Ihr möchtet im Restaurant bestellen und bezahlen.
Sagt drei Sätze.

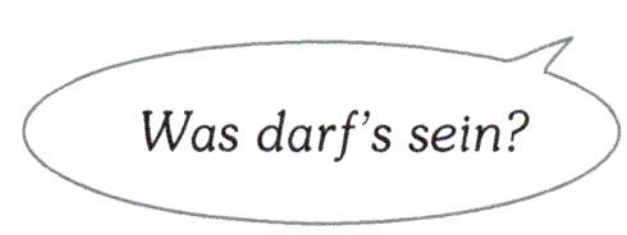

Wir lernen:
Durchsagen verstehen | über Konsumverhalten sprechen | Informationen im Geschäft erfragen
da(r) + Präposition | Stellung von Pronomen: *Ich kaufe es mir.* | Infinitiv als Aufforderung: *Bitte lächeln!*

Kaufen und schenken

1 Geschäfte

2.47–52

a Wo hört man das? Ordnet zu. Worum geht es?

das Kaufhaus

der Wochenmarkt

das Elektrogeschäft

der Supermarkt

das Möbelhaus

Das hört man im Supermarkt. Es geht um eine Spendenaktion.

die Drogerie

b Wo kauft ihr diese Dinge? Schreibt ins Heft.

Klamotten: Second-Hand-Laden, Kaufhaus, …
Bücher: Flohmarkt, …
Handy: …
Musik: Elektrogeschäft, Internet, …
Schuhe: …
Shampoo/Creme: …

2 Kaufen, kaufen, kaufen

a Was habt ihr im letzten Monat alles gekauft? Macht eine Liste mit Preisen im Heft.

3 Dosen Cola je 75 Cent
1 T-Shirt 24,90 Euro

b Warum habt ihr die Dinge aus 2a gekauft? Sprecht zu zweit.

Ich brauchte es dringend. • Es sah gut aus. • Es war preiswert/günstig/… • Es hat mich interessiert. • Die Qualität war gut. • Ich hatte Lust darauf. • Alle haben es. • Ich mag die Marke. • Es hatte gute Bewertungen. • …

Das T-Shirt habe ich gekauft, weil es gut aussah.

3 Darauf achte ich.

a Lest die Texte. Was haben die Jugendlichen gekauft und warum?

Vor Kurzem brauchte ich dringend einen neuen Drucker. Ich habe einen billigen gesehen und ihn gleich gekauft. Hinterher habe ich mich total darüber geärgert. Nach einer Woche war er kaputt. Ich habe mich im Geschäft darüber beschwert. Danach habe ich mich bei Stiftung Warentest über verschiedene Geräte informiert. Und mein neuer Drucker macht überhaupt keine Probleme.
Lucas, 20

Vor einer Woche habe ich eine tolle Jeans im Schaufenster gesehen. Sie sah super aus und war im Sonderangebot. Aber leider war ein kleines Loch drin. Ich habe dann lieber eine teurere Markenjeans gekauft, denn auf Qualität achte ich immer. Sie sah genauso gut aus. So muss ich mich nicht über schlechte Qualität ärgern und kann die Jeans später umtauschen. Das ist es mir wert.
Lena, 17

Ich liebe Computerspiele. Leider sind sie unheimlich teuer, wenn sie neu in den Geschäften sind. Das kann ich mir nicht leisten. Ich warte immer noch ein bisschen und spiele die neuen Spiele bei Freunden. So gebe ich nicht so viel Geld dafür aus und ich kann mich besser dafür oder dagegen entscheiden. Neulich habe ich mir eins gekauft, das nur noch die Hälfte gekostet hat.
Lisa, 15

Lena hat die Jeans gekauft, weil sie auf Qualität achtet.

b Welcher Ratschlag passt zu welcher Person aus 3a? Ergänzt die richtige Präposition. Die Texte helfen euch.

1. Qualität ist wichtig! Achte dar___!
2. Du willst etwas Neues, Teures kaufen. Informiere dich vorher gut dar___!
3. Teste das Produkt. Dann kannst du dich besser da___ oder da___ entscheiden.
4. Wenn das Gerät nicht funktioniert, beschwere dich dar___!
5. Ein Produkt von guter Qualität ist teurer. Aber du musst dich nicht dar___ ärgern.
6. Neue Produkte werden mit der Zeit billiger.
   Gib nicht so viel Geld da___ aus!

1. Lena: Achte darauf!

da(r) + Präposition
Für Lena ist **Qualität** wichtig!
Sie achtet **darauf**! (achten auf)
Sie gibt Geld **dafür** aus. (Geld ausgeben für)

4 Fragen über Fragen

Fragt und antwortet abwechselnd.

sich ärgern über • sich informieren über • achten auf • sich beschweren über • Geld ausgeben für • sich entscheiden für • sich entscheiden gegen

hohe Preise • unfreundliche Verkäufer • cooles Design • gute Bewertungen • schlechte Billigprodukte • teure Markenklamotten • lustige Werbung • …

5 Der Kauf-nix-Tag

a Lest den Artikel. Ordnet die Fragen den richtigen Buchstaben im Text zu. Zwei Fragen passen nicht.

1. Was können wir also tun? 3. Seit wann gibt es diesen Tag? 5. Was sind die Folgen? 2. Warum gibt es diesen Tag? 4. Wo finden die Aktionen statt?

MACHT MIT: Der Kauf-nix-Tag

Das Ziel vom Kauf-nix-Tag ist schnell erklärt: 24 Stunden lang nichts einkaufen. Das heißt, sowohl den Geldbeutel in der Tasche zu lassen als auch in kein Geschäft oder Café zu gehen, keinen Klingelton und auch kein Handyspiel herunterzuladen. Kein Problem, denkt ihr? Dann seid bereit, macht mit und protestiert! Am letzten Samstag im November ist es wieder so weit. In über 80 Ländern der Welt nehmen viele Menschen an diesem Streik teil.

A

Selbstverständlich ist es egal, ob ihr euer neues Handy an diesem Tag kauft oder am nächsten Montag. Bei dieser Aktion sollt ihr vielmehr darüber nachdenken, was und wie viel ihr kauft und konsumiert:
jeden Tag eine Dose Cola in der Pause, der Schokoriegel zwischendurch, wöchentlich 50 SMS, schnell noch ein billiges T-Shirt, Zeitschriften, Musikdownloads, alle zwei Jahre ein neues Handy ... Die Liste ist lang und sie wird immer länger. Immer schneller verbrauchen wir immer mehr und alles soll billig sein. Wir sind von unserem Geldbeutel abhängig.

B

Tatsache ist: Wir verbrauchen für unseren Konsum viel Energie und viele Ressourcen, jedoch unsere Umwelt leidet. Hier nur einige Beispiele:

- Je mehr Strom wir verbrauchen, desto mehr Energie brauchen wir aus Kohlekraftwerken. Diese verschmutzen die Luft.
- Je mehr neue elektrische Geräte wir kaufen, desto mehr alte Geräte werfen wir weg. Der Müllberg wächst. Und zur Herstellung der neuen Geräte werden viele Ressourcen unserer Erde gebraucht.

- Je weniger Ressourcen es gibt, desto mehr Krieg entsteht darum.
- Je mehr Ressourcen wir brauchen, desto mehr wird die Natur zerstört.
- Je mehr Zerstörung wir verursachen, desto weniger Tiere und Pflanzen finden einen natürlichen Lebensraum. Sie sterben aus.

C

Macht mit beim Kauf-nix-Tag und stoppt den übermäßigen Konsum! Und denkt im ganzen Jahr nach, was und wie viel ihr kauft. Braucht ihr dieses Produkt wirklich? Hält es lange oder landet es bald auf dem Müll? Verbraucht es viel oder wenig Energie? Mussten dafür Menschen unter schlechten Bedingungen arbeiten? Entweder ändern wir etwas und achten auf unseren Konsum oder es ist für unsere Umwelt zu spät! Verhindert die Umweltzerstörung!

b Lest den Artikel noch einmal. Ordnet dann die Wörter den Sätzen zu und bringt sie in die richtige Reihenfolge.

Verschieben • Energie • kaufen • letzten Samstag im November • Konsumverhalten

1. Dadurch verbrauchen wir zu viel wertvolle … und verschmutzen unsere Umwelt.
2. Deswegen ist es wichtig, etwas zu verändern. Das geht am besten, wenn man ohne Ausnahme bei jedem Einkauf über sein … nachdenkt.
3. An diesem Tag geht es nicht um das … des Einkaufens. Man soll eher über seinen täglichen Konsum nachdenken.
4. Am … ist jedes Jahr der Kauf-nix-Tag. Menschen aus über 80 Ländern wollen an diesem Tag nichts einkaufen.
5. Denn wir … viel zu viel und es wird immer mehr.

c Was denkt ihr über den Kauf-nix-Tag? Diskutiert in der Klasse.

6 Euer Kauf-nix-Tag

▸LHB **Bildet zwei Gruppen und bearbeitet ein Projekt. Präsentiert eure Ergebnisse in der Klasse.**

Projekt A
Bereitet euren Kauf-nix-Tag vor. Denkt euch genaue Regeln aus. Was ist erlaubt, was nicht? Macht ein Plakat, bestimmt einen Tag für euren Kauf-nix-Tag und führt ihn durch.

Projekt B
Überlegt, was man neben dem Kauf-nix-Tag noch machen kann, um den Konsumwahnsinn zu beenden. Was könnt ihr direkt in der Klasse umsetzen? Macht Vorschläge auf einem Plakat.

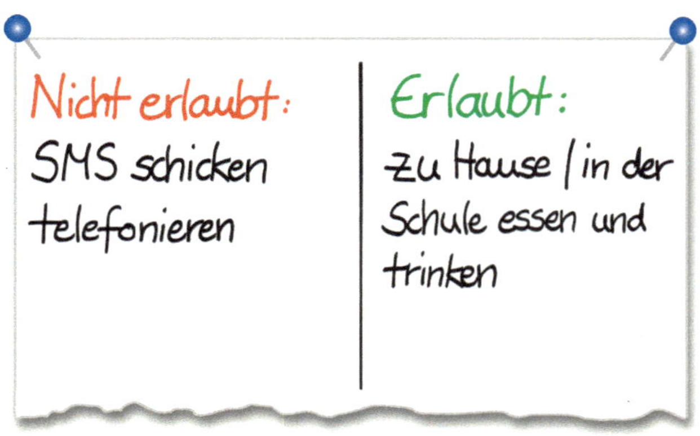

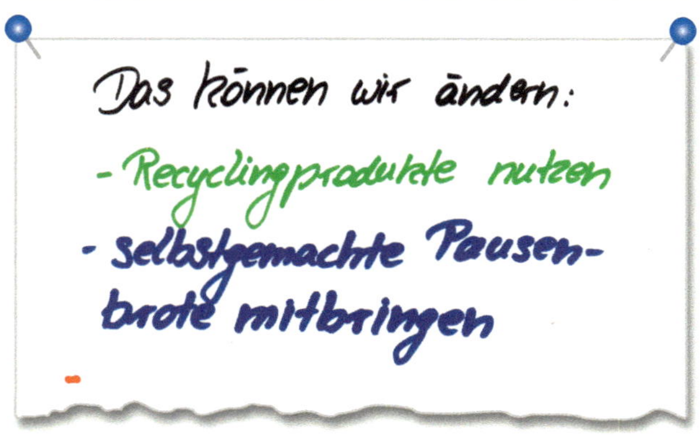

7 Geschenke, Geschenke

2.53

a Hört das Gespräch und seht das Bild an. Was schenkt Kolja Keiko nicht?

b Hört noch einmal und beantwortet die Fragen im Heft.

1. Warum wollen die Freunde Keiko etwas schenken?
2. Wie soll das Geschenk sein, das die Freunde schenken?
3. Was wollen die Freunde alle zusammen schenken?
4. Was wollen Pia und Nadja morgen in der Stadt machen?
5. Was sollen Pia und Nadja fragen?

1. Keiko geht bald wieder ...

c Ergänzt die Sätze mit den Wörtern im Heft.

1. Das ist ein Gutschein. Ich will schenken. (Keiko, ihn)
2. Das ist eine CD. Ich wollte zum Abschied mitgeben. (ihr, die CD)
3. Das ist nur ein kleiner Handyanhänger. Ich gebe auch noch mit. (Keiko, den Anhänger)
4. Das ist ein Buch auf Französisch. Ich leihe nur. (ihr, es)

Stellung von Pronomen
2 Nomen: Dativ vor Akkusativ
Er will der Freundin die CD schenken.

1 Pronomen: Pronomen vor Nomen
Er will ihr die CD schenken.
Er will sie der Freundin schenken.

2 Pronomen: Akkusativ vor Dativ
Er will sie ihr schenken.

d Jeder zeichnet drei Geschenke für einen guten Freund / eine gute Freundin. Sprecht dann zu dritt.

8 Bei der Fotografin

2.54

a Sortiert den Dialog. Hört dann und notiert die fehlenden Informationen.

A
Pia: Wann könnten wir zum Shooting kommen?
Fotografin: Wie wäre es ? Es dauert .
Nadja: Ja, das passt gut. Wir sagen allen Bescheid. Vielen Dank für die Informationen. Bis Mittwoch!
Fotografin: Tschüs. Bis Mittwoch.

B
Fotografin: Kein Problem. Das kostet noch einmal extra.
Nadja: Ich denke, das ist okay. Wir teilen uns alle das Shooting und die Bilder kann dann jeder selbst zahlen.

C
Fotografin: Natürlich. Wie viele Leute seid ihr denn?
Nadja: Moment, ich zähle mal. Also, wir zwei, Paul, Anton, Kolja und Keiko. Also sechs insgesamt.
Pia: Und ein Hund!
Nadja: Ach ja. Was würde das Shooting kosten?
Fotografin: Für fünf bis sechs Leute kostet das .

D
Pia: Guten Tag!
Fotografin: Guten Tag! Was kann ich für euch tun?
Nadja: Wir wollen unserer Freundin ein Fotoshooting als Erinnerung schenken und uns über informieren. Können Sie uns helfen?

E
Nadja: Und wie viele Bilder bekommen wir?
Fotografin: Ich mache ungefähr .
Nadja: So viele?
Fotografin: Ja. Aber ihr sucht euch nur die drei schönsten aus.
Pia: Drei Bilder? Wir hätten gerne alle ein Bild. Geht das auch?

1D Preise und ...

b Nehmt eure Notizen aus 8a. Schreibt eine E-Mail an die Freunde mit den Informationen zum Fotoshooting.

Hallo Leute,
wir waren heute bei der Fotografin. Das Shooting kostet 55 Euro und ...

9 Wir wollen uns informieren.

▸LHB **Ihr möchtet eine Führung in der Bavaria Filmstadt machen. Schreibt und spielt einen Dialog zu dritt.**

A Freunde (2 Personen)
Ihr wollt einem Freund eine Führung durch die Bavaria Filmstadt in München schenken. Erkundigt euch in den Filmstudios nach Preisen, Terminen und Dauer:
- Wir wollen uns über … informieren. Können Sie uns helfen?
- Was würde … kosten?
- Wann könnten wir kommen?
- Wie lange dauert …?

B Person an der Kasse (1 Person)
Zwei Jugendliche haben Fragen zur Führung in der Filmstadt. Gib die Informationen:
<u>Preis für Eintritt + Führung:</u>
8 €/Person bis 14 Jahre
10 €/Person bis 21 Jahre
<u>Termine:</u> täglich 10–15 Uhr, Führungen stündlich
<u>Dauer:</u> 90 Minuten

10 Bitte lächeln!

a Welche Anweisungen hat die Fotografin auf den Bildern gegeben? Ordnet zu.

Bitte alle in einen Halbkreis um Keiko stellen. • Bitte winken. • Die Jungs nach hinten gehen. Die Mädchen bitte nach vorne gehen. • Bitte lächeln. • Jetzt bitte alle hintereinander setzen. • Keiko bitte in die Mitte kommen. • Bitte traurig gucken. • Bitte weggehen, Keiko. • Bitte alle auf den Bauch legen.

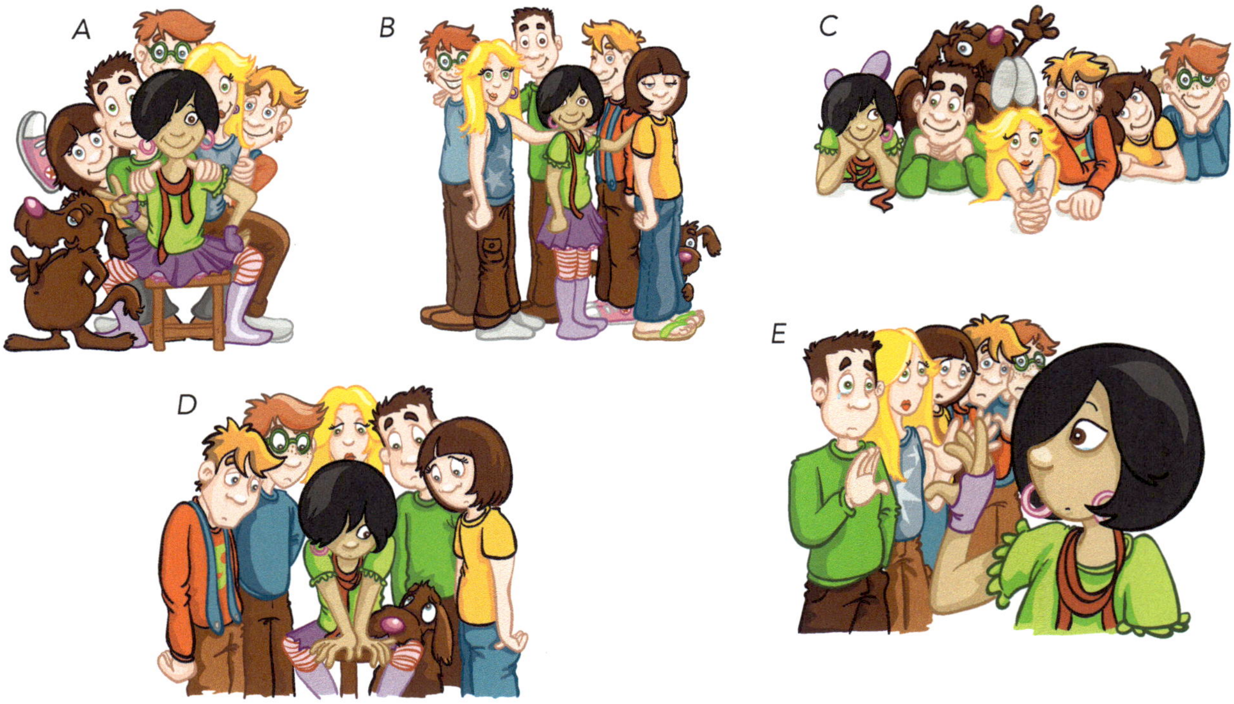

b Macht Fotos in Gruppen. Jeder überlegt sich ein Fotomotiv und notiert fünf Anweisungen. Jeder ist einmal Fotograf und gibt Anweisungen.

– *Blick nach links richten*
– *Hände nach oben*
– ...

Infinitiv als Aufforderung
Bitte nach vorne kommen!
Bitte winken!

11 *h* am Wort- und Silbenanfang

2.55

a Wo hört ihr das *h*? Hebt die Hand.

1. Hobby	4. Schuhe	7. hinter	10. Heft	13. teilnehmen
2. Kaufhaus	5. unheimlich	8. bezahlen	11. überhaupt	14. sowohl
3. Flohmarkt	6. aussehen	9. vorher	12. verhalten	15. Möbelhaus

b Hört die Wörter noch einmal und lest sie dann laut.

Kannst du das schon?

Durchsagen verstehen

- Liebe Kunden, … / Suchen Sie …?
- Wir haben ein tolles Angebot für Sie. / Günstige Angebote haben wir heute … / Diese Woche im Angebot: …
- Kommen sie doch mal in unsere …abteilung.
- Kaufen Sie zwei … für den Preis von …
- Viel Spaß beim Einkaufen! / Vielen Dank für Ihren Einkauf!

über Konsumverhalten sprechen

Ich habe es gekauft, weil …

- … ich es dringend brauchte. / … alle es haben.
- … es gut aussah. / … es mich interessiert hat.
- … es neu/günstig/… war.
- … es gute Bewertungen hatte. / … ich die Marke mag.

da(r) + Präposition

- Du willst ein Handy kaufen? Informiere dich gut darüber!
- Die Qualität des Handys ist wichtig. Achte darauf!
- Teste das Handy. Dann kannst du dich besser dafür oder dagegen entscheiden.
- Handys werden nach einiger Zeit billiger. Gib nicht so viel Geld dafür aus.

Stellung von Pronomen

- Luisa will ihrem Vater Blumen schenken.
- Luisa will ihm Blumen schenken.
- Luisa will sie ihrem Vater schenken.
- Luisa will sie ihm schenken.

Informationen im Geschäft erfragen

● Guten Tag!	○ Was kann ich für euch tun?
● Wir wollen uns über … informieren. Was kostet …?	○ Das kostet … Euro.
● Wir hätten gern … Geht das auch?	○ Kein Problem. / Nein, leider nicht.
● Wann können wir kommen?	○ Wie wäre es am … um …?
● Und wie lange dauert …?	○ Es dauert etwa …
● Das passt gut.	○ Tschüs. Bis …

Infinitiv als Aufforderung

- Bitte lächeln! / Bitte traurig gucken!
- Bitte weggehen! / Bitte nach hinten/vorne gehen!
- Bitte auf den Bauch legen. / Bitte Hände hoch halten.

- Ich hatte Lust darauf!
- Das bringt doch nichts!
- Bitte lächeln!

Noch einmal, bitte

Durchsagen verstehen

Schreibt eine Durchsage im Kaufhaus:

- *tolles Angebot*
- *in der CD-Abteilung*
- *zwei CDs nur 9,99 €*
- *viel Spaß*

über Konsumverhalten sprechen

Zeigt zu zweit auf je drei Sachen vom anderen: Warum hat er/sie das gekauft? Antwortet.

da(r) + Präposition

Jemand will sich ein neues Handy kaufen. Gebt Tipps mit:

- *informieren über*
- *achten auf*
- *Geld ausgeben für*

Stellung von Pronomen

Macht vier Varianten mit Nomen und Pronomen:
Luisa / ihrem Vater / Blumen / schenken / wollen

Informationen im Geschäft erfragen

Spielt zu dritt einen Dialog (Verkäufer/in + 2 Kunden):

Foto auf Tasse
Preis: *1 Tasse 12 Euro*
3 Tassen 19,99 Euro
Termin: *morgen Foto schicken*
Dauer: *2 Tage*

Infinitiv als Aufforderung

Gebt eurem Partner / eurer Partnerin fünf Anweisungen, die er/sie ausführt. Tauscht dann.

15

Wir lernen:
über eigene Vorlieben sprechen | sich einigen | einen Film beschreiben
Passiv Präteritum: *es wurde gekauft* | Sätze mit *bevor, seit, während* | Wiederholung Nebensätze

Töne und Bilder

1 Musik für jede Situation

a Seht euch die Szenen an. Was denkt ihr: Welche Musik hören die Personen?

Klassik • Jazz • Hip-Hop • Reggae • Popmusik • Schlager • Hardrock • Techno • Punk • Rap • Discomusik

2.56 **b Hört die Musik zu den Fotos aus 1a. Würdet ihr auch diesen Musikstil hören oder etwas anderes?**

c „Musik hören kann …" Sprecht in der Klasse.

mit anderen Menschen verbinden • Geräusche in der Umgebung ausblenden • Erinnerungen zurückbringen • die Möglichkeit zum Träumen geben • die Stimmung ändern • von Problemen ablenken • fröhlich/traurig/ruhig/… machen • entspannen • …

2 Musik in eurem Leben

a Wann hört ihr Musik? Sammelt in der Klasse.

am Strand, beim Autofahren

b Sprecht zu zweit. Wann hört ihr welche Musik am liebsten? Warum?

Morgens höre ich am liebsten Popmusik. Da werde ich schnell wach.

3 Musik auf dem Markt

a Wie hört ihr Musik? Wie bekommt ihr neue Lieder? Sammelt in der Klasse.

Zu Hause höre ich am Computer Musik.

Ich surfe oft auf Musikportalen.

b Lest den Text und seht euch die Tabelle an. Was ist heute besonders beliebt?

Produkte | Deutsch lernen | Audio | Nachrichten | Land & Leute | Lehrer | Kontakt

Politik & Wirtschaft   Kultur   Panorama   Sport

Der Musikmarkt hat sich in den letzten Jahrzehnten komplett verändert.

Noch 1985 wurden fast ausschließlich Schallplatten oder Kassetten produziert. In den 90er Jahren veränderte sich das Medium: Statt Schallplatten wurden jetzt CDs verkauft. Aber die Musik wurde immer noch in Geschäften angeboten.

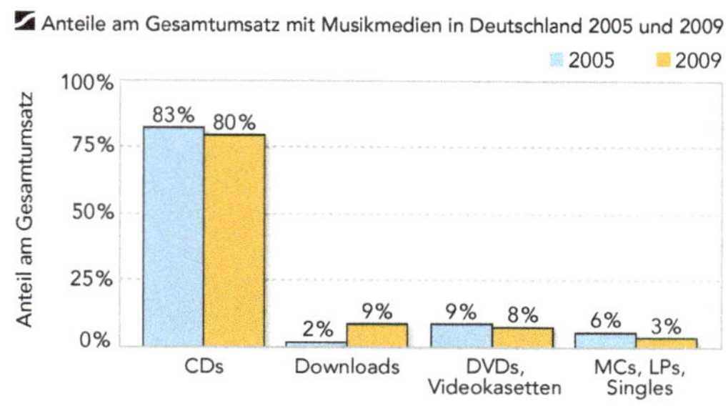

© Statista 2010 Quelle: Bundesverband Musikindustrie

Und heute? CDs sind immer noch das wichtigste Medium. 2009 wurden noch 80 % der Musikstücke auf CD verkauft. Aber auch Downloads spielen eine große Rolle. Knapp 10 % der Musikstücke wurden 2009 als Download gekauft, 2005 waren es nur 2 %. Downloads haben einen großen Vorteil: Man kauft nur die Lieder, die man wirklich haben möchte. Man muss also nicht 15,– € für eine ganze CD ausgeben, sondern 98 Cent reichen für ein Lied aus. Da lohnt es sich, diese Lieder gut auszuwählen und Geld zu sparen. Eine andere Möglichkeit ist das Kopieren. Durch diese Technik werden viele CDs zu Hause gebrannt, also nicht gekauft. Das ist oft illegal und so bekommen weder die Künstler noch die Musikindustrie Geld, um neue Musik zu produzieren.

c Seht euch noch einmal den Text und die Statistik an und ergänzt dann das Verb in der richtigen Form im Heft. Es gibt mehrere Möglichkeiten.

1. Bis Mitte der 80er Jahre wurden Schallplatten und Kassetten … .
2. In den 90er Jahren wurden erstmals CDs … .
3. Die CDs wurden noch in Geschäften … .
4. 2009 wurden auch viele Downloads … .
5. Auch Schallplatten wurden noch …, 2009 noch 3 %.

produzieren • verkaufen • anbieten • kaufen • herunterladen • hören

1. produziert, gekauft

Passiv Präteritum

Heute werden CDs gekauft.

Früher **wurden** Platten gekauft.

→ Früher kaufte man Platten.

4 Dein Lieblingslied

Recherchiert über euer Lieblingslied und schreibt einen Text.

- Wann ist es entstanden?
- Wer hat den Text / die Melodie geschrieben?
- Wer singt/spielt es?
- Worum geht es im Lied?
- Wie/Wo habt ihr es gekauft?
- Warum gefällt es euch?
- Wann hört ihr es am liebsten?
- …

5 Meine Chance

a Lest den Blogeintrag von Leandro. Womit hat er Erfolg?

Und die Jury sagte …

am 9. März um 18:37 Uhr von Leandro

Na, das war ja eine Aufregung im letzten Jahr. Eigentlich wollte ich schon ein großer Star sein, bevor ich die Schule beendet habe. Aber das bin ich nicht ;-) Für die neuen Leser eine kurze Erklärung: Ich singe gern – und gut! Seit wir unsere Band vor zwei Jahren gegründet haben, proben wir einmal in der Woche zusammen. Wir sind im letzten Jahr auch schon in der Schule aufgetreten. Alle haben getanzt und geklatscht, während wir spielten. Wir waren der Hit! Das Feedback war also super.
Na, und deshalb wollte ich an einer Talentshow im Fernsehen teilnehmen. Die anderen aus der Band hatten keine Lust, aber ich habe das für meine große Chance gehalten. Während ich mich auf meinen Auftritt dort vorbereitete, habe ich mich nicht mehr um meine Band gekümmert. Endlich war der große Tag da: Zusammen mit 150 anderen war ich in der Vorauswahl. Ich war total aufgeregt, bevor ich dran war. Aber als ich gesungen habe, war die Nervosität komplett weg. Die Jury war … wenig begeistert, obwohl ich mich echt angestrengt hatte. „Ganz nett." und „Du hast Talent, aber du musst noch viel üben!" war die Kritik. Das war ganz schön hart! Bevor ich aber richtig traurig werden konnte, erlebte ich eine tolle Überraschung. Meine Band hatte nämlich schon vor der Tür gewartet, um mich zu trösten – das nenne ich wahre Freunde!
Seit sie zu mir gehalten haben, obwohl ich so egoistisch war, bin ich total glücklich. Wir üben inzwischen fast täglich zusammen und werden immer besser – außerdem haben wir einfach viel Spaß. Wir haben sogar schon ein Video im Internet und viele klicken uns an. Und wir werden die Hoffnung nicht aufgeben, bis wir als Band richtig erfolgreich sind! ☺
Jetzt fehlt uns nur noch ein cooler Bandname … Während ihr unser Video anseht, könnt ihr ja mal überlegen! Vielleicht habt ihr eine Idee?!?

b Lest die Sätze. Sind sie richtig oder falsch? Korrigiert in der Klasse.

1. Leandro ist ein bekannter Sänger, seit er bei einer Talentshow war.
2. Die Band spielt seit zwei Jahren zusammen.
3. Nur einige Schüler tanzten, während die Band ein Konzert hatte.
4. Die Band wollte gemeinsam bei einer Talentshow auftreten.
5. Der Jury hat es super gefallen, wie Leandro gesungen hat.
6. Bevor er traurig wurde, waren seine Freunde da.
7. Seit Leandro bei der Show war, spielt die Band einmal pro Woche gemeinsam.

c Welche Satzteile passen zusammen? Schreibt die Sätze ins Heft.

1. Bevor ich bei der Talentshow war,
2. Während ich aufgetreten bin,
3. Seit die Jury meinen Gesang kritisiert hat,
4. Seit meine Freunde für mich da waren,
5. Seit das Video im Internet ist,
6. Bevor wir im Internet Erfolg hatten,
7. Während wir zusammen spielen,

Sätze mit bevor, seit, während

Er hat gesungen. Vorher war er nervös.
→ **Bevor** er gesungen hat, war er nervös.

Sie spielen besser. Sie proben mehr.
→ Sie spielen besser, **seit** sie mehr proben.

Er singt. Er konzentriert sich.
→ **Während** er singt, konzentriert er sich.

nehme ich Gesangsunterricht. • weiß ich Freundschaft viel mehr zu schätzen. • haben wir alle viel Spaß. • haben wir nicht an unseren Erfolg geglaubt. • habe ich allein geübt. • kontrolliere ich täglich die Klicks. • habe ich leider zweimal falsch gesungen.

6 Party, Party

2.57

a Hört das Gespräch von Paul, Nadja, Pia und Kolja. Warum planen sie eine Party? Über welche Themen diskutieren sie?

Essen • Musik • Getränke • Ort • Kosten • Zeit • Gäste • Dekoration

b Hört das Gespräch noch einmal und wählt die richtige Antwort aus.

1. Sie wollen die Party machen,
   A damit Keiko eine schöne Erinnerung hat.
   B weil Keiko bald Geburtstag hat.
2. Robbie soll die Musik machen,
   A weil den anderen seine Musik gefällt.
   B obwohl Nadja dagegen ist.
3. Nadja glaubt, dass Keiko sich freut,
   A wenn sie gutes Essen mitbringen.
   B wenn sie den Raum schön schmücken.
4. Die Mädchen sollen dekorieren,
   A weil die Jungen keine Zeit haben.
   B weil sie mehr Erfahrung haben.
5. Pia möchte einen Plan machen,
   A damit jeder eine Aufgabe hat.
   B weil sie so wenig Zeit hat.

c Keiko kommt zu früh. Schreibt die Sätze zu Ende und vergleicht dann in der Klasse.

1. Keiko kommt, bevor …
2. Kolja ist entsetzt, weil …
3. Pia schreibt etwas, als …
4. Paul hängt eine Discokugel auf, damit …
5. Robbie schaut gelangweilt, während …
6. Keiko muss draußen warten, bis …
7. Alle beeilen sich, nachdem …
8. Es wird eine tolle Party, obwohl …

Wiederholung Nebensätze
Grund: weil
Gegensatz: obwohl
Ziel: damit
Zeit: als, bevor, bis, seit, nachdem, während, wenn

1. Keiko kommt, bevor alles fertig ist.

7 Ich hatte einen tollen Tag, …

Spielt in Gruppen. Der Erste macht zum Satzanfang einen Nebensatz dazu und beginnt einen neuen Satz. Der Nächste macht wieder einen Nebensatz dazu und beginnt einen neuen Satz usw. Könnt ihr so eine Geschichte erzählen?

Ich hatte einen tollen Tag, als ich auf dem Konzert meiner Lieblingsband war. Ich bin zusammen mit meinen Freunden gegangen, …

… weil sie die Band genauso lieben wie ich. Zuerst sind wir in die Stadt gefahren, …

8 Die Partyplanung

▸LHB **a Lest das Gespräch und notiert, wo die Sprecher etwas vorschlagen, widersprechen, zustimmen und sich einigen. Es gibt mehrere Möglichkeiten.**

1. Also, ich denke, zum Sommerfest sollten wir alle Freunde einladen.
2. Das ist aber keine gute Idee. Für so viele Leute finden wir keinen passenden Raum.
3. Das ist doch Quatsch. Im Sommer können wir draußen feiern.
4. Ja, das stimmt. Aber es wird auch zu teuer, wenn wir Essen und Getränke für alle kaufen.
5. Da hast du recht. Aber vielleicht können die anderen einen Teil mitbringen?
6. Ja, genau. Wir können doch alle bitten, Essen und Getränke mitzubringen.
7. Also, dass die Gäste beides mitbringen, finde ich nicht nötig. Wir sind die Gastgeber und machen das Fest.
8. Ja, da hast du schon recht. Was hältst du davon, wenn wir die Getränke kaufen?
9. Und unsere Gäste bringen Essen mit? Das finde ich gut.
10. Einverstanden. Dann machen wir ein Fest mit allen Freunden!

vorschlagen	widersprechen	zustimmen	sich einigen
1, ... 5, 6, 8, 9	2, 3, 4, 7	4, 5, 6, 8, 9, 10	8, 10

b Sortiert die Ausdrücke in die Tabelle aus 8a. Ergänzt auch Ausdrücke aus dem Gespräch in 8a.

Aber das ist … • Ich finde, es geht um … • Das Wichtigste ist, dass … • Ich finde, … hat recht. • Das ist nicht so toll. • Das stimmt doch nicht. • Ich finde das eigentlich auch gut. • Meinetwegen.

c Wählt eine Situation und diskutiert zu zweit. Verwendet die Ausdrücke aus 8b. Einigt euch am Ende.

Geburtstagsparty für eine Freundin / einen Freund
- Essen/Torte
- Musik
- Einladungskarten

Party für die Mutter / den Vater
- Gäste
- Programm
- Essen

Klassenparty vor den Sommerferien
- Raum
- Musik
- Zeit

9 Laufende Bilder

a Welche Art von Filmen mögt ihr? Wo und wie schaut ihr am liebsten Filme? Sprecht in der Klasse.

Ich mag Thriller und schaue sie am liebsten mit meiner Schwester zu Hause. Sie hat nämlich immer total Angst!

2.58–61 **b Was sind die Lieblingsfilme der vier Jugendlichen? Hört die Kommentare und notiert auch, von welchen Gegenständen sie erzählen.**

1 Karin

2 Dennis

3 Pedro

4 Lisa

A

die Schuhe

B

die Schreibfeder

C

der Schlüsselanhänger

D

die Figur

E

das Armband

F

die Maske

G

der Zauberstab

H

das T-Shirt

c Welche Gegenstände aus Filmen findet ihr toll? Erzählt in der Klasse.

10 Eure Traumrolle

In welchem Film würdet ihr gern mitspielen? Warum? Schreibt einen kurzen Text. Hängt eure Texte in der Klasse auf. Ratet, wer was geschrieben hat, und schreibt die Namen auf die Texte. Am Ende stellt sich jeder zu seinem Text. Wie viele haben richtig geraten?

Ich würde gern bei „Harry Potter" mitspielen. Dann wäre ich Hermine. Sie ist so klug und hübsch und hilft ihren Freunden immer. Außerdem würde ich dann auch einige Zaubertricks lernen. Das wäre super.

11 Unser Filmtipp

a Lest die E-Mail der Klasse 10a. Welche Filme empfiehlt sie und warum? Welchen Film wollt ihr sehen?

Liebe 10b,
wir haben ja versprochen, euch beliebte deutsche Filme zu empfehlen. Wir haben in der Klasse lange diskutiert, welche wir am besten finden. Am Ende haben wir uns für zwei Filme entschieden, nämlich für „Krabat" und „Good Bye Lenin!".
Beide Filme sind nach 2000 erschienen und waren in Deutschland sehr populär.
„Krabat" ist die Verfilmung eines bekannten Buchs von Otfried Preußler. Der Film spielt während des Krieges und ist ein ernster Film. Die Hauptperson ist Krabat. Er ist ein Waisenjunge, der zusammen mit anderen Jungen für einen Zauberer arbeiten muss. Krabat versucht zu flüchten. Das ist natürlich sehr gefährlich. Am Ende kann er sich befreien und rettet auch die anderen Jungen. Uns hat gefallen, dass die Geschichte spannend und nicht simpel ist. Krabat ist ungefähr so alt wie wir, deshalb war es besonders interessant.
Der zweite Film, „Good Bye Lenin!", spielt im Sommer 1990 in Berlin. Der Film bietet gute Unterhaltung und ist manchmal richtig lustig. Es geht um die Zeit nach dem Mauerfall, als sich für die Menschen aus Ostdeutschland alles geändert hat. Die Hauptperson ist Alex, ein junger Ostberliner. Seine Mutter war im Koma und weiß nichts vom Mauerfall. Sie darf auch nichts davon erfahren, denn durch den Schock über die Veränderung könnte sie sterben. Alex und seine Freunde organisieren also jede Einzelheit so, dass sie nichts merkt. Das ist natürlich manchmal sehr schwierig und sie müssen sehr kreativ sein. Und am Ende … das müsst ihr euch selbst ansehen ☺! Wir fanden den Film super, weil man viel über die Zeit damals und über die DDR erfahren hat. Außerdem waren gute Schauspieler dabei und wir haben viel gelacht.
Welche Filme könnt ihr uns denn empfehlen? Wir sind schon ganz neugierig!
Viele Grüße von eurer
10a

b Welche Filme könnt ihr deutschen Schülern empfehlen? Sammelt in der Klasse.

c Arbeitet zu zweit. Wählt einen Film und schreibt eine Antwort an die Klasse 10a. Schreibt, worum es im Film geht und warum ihr den Film empfehlt.

12 Internationale Wörter

2.62

a Hört die Wörter und Sätze. Wie klingen die internationalen Wörter und welche Endungen haben sie im Satz?

1. der Regisseur	Viele französische Regisseure sind in Deutschland bekannt.
2. der Thriller	Ich habe bei Thrillern meistens Angst.
3. die Show	Viele Leute lieben Shows im Fernsehen.
4. die Party	Maria geht gern auf Partys.
5. downloaden	Du kannst die Datei downloaden.

„Regisseur" klingt französisch, aber die Pluralendung ist „e" wie auf Deutsch.

Wörter aus anderen Sprachen spricht man oft so wie in dieser Sprache.

b Hört die Wörter und Sätze noch einmal und lest sie dann laut.

Kannst du das schon?

über eigene Vorlieben sprechen
– Am liebsten höre ich Popmusik. Sie macht mich fröhlich.
– Abends höre ich langsame Musik. Da kann ich gut einschlafen.
– Mein Lieblingslied ist der HDL-Song, weil Jasper toll singt.
– Ich liebe Thriller. Die schaue ich mit meinen Freunden.
– Ich mag romantische Filme, besonders wenn ich sie im Kino sehe.

Passiv Präteritum
– In den 80er Jahren wurden Schallplatten produziert.
– CDs wurden erst in den 90er Jahren verkauft.
– Die CDs wurden nur in Geschäften angeboten.
– Später wurden auch Downloads gekauft.

Sätze mit bevor, seit, während
– Bevor Leandro gesungen hat, war er nervös.
– Die Band spielt besser, seit sie mehr probt.
– Während Leandro singt, konzentriert er sich total.

Wiederholung Nebensätze
– Die Freunde wollen eine Party machen, weil Keiko bald wegfährt.
– Sie dekorieren den Raum, damit alles schön aussieht.
– Sie freuen sich schon, wenn es endlich losgeht.
– Sie bereiten die Party vor, als Keiko kommt.
– Keiko muss noch warten, bis alles fertig ist.
– Es wird eine tolle Party, obwohl alle traurig sind.
– Kolja bringt Keiko nach Hause, nachdem die Party vorbei ist.

sich einigen
– Ich finde die Idee eigentlich sehr gut.
– Stimmt, das Wichtigste ist, dass alle Spaß haben.
– Meinetwegen. / Einverstanden. Wir kommen dann ins Restaurant.
– Das ist keine gute Idee. Da findest du keinen Raum.
– Ich finde das nicht so toll. Es wird doch zu teuer.
– Mach das lieber nicht. Es geht doch um dich und nicht um das Essen.

einen Film beschreiben
– Der Film spielt während …
– Es geht um eine/n … / Die Hauptperson ist …
– Er/Sie muss … / Es passiert … / Am Ende …
– Mir hat gefallen, dass … / Ich fand den Film super, weil …

– Ganz nett.
– Das nenne ich …
– Meinetwegen.

Noch einmal, bitte

über eigene Vorlieben sprechen
Sprecht zu zweit. Erzählt, welche Musik oder Filme ihr mögt und warum.

Passiv Präteritum
Bildet zwei Sätze:
CDs wurden …
– *in den 90er Jahren produzieren*
– *nur in Geschäften anbieten*

Sätze mit bevor, seit, während
Ergänzt die Sätze:
Bevor Leandro seinen Auftritt hatte, … / Seit er mehr übt, … / Während er singt, …

Wiederholung Nebensätze
Bildet Nebensätze mit *weil, obwohl, bis, nachdem*:

Sie feiern, …

sich einigen
Ein Freund möchte zum Geburtstag 20 Freunde in ein Restaurant einladen. Wie kannst du zustimmen und widersprechen? Nenne je zwei Möglichkeiten.

einen Film beschreiben
Schreibt fünf Sätze über euren Lieblingsfilm.

Wir lernen:
Wiederholungsspiel | Eine Reise durch D-A-CH | eigene Fortschritte feststellen | Lernstationen vorbereiten

Finale

1 Wiederholungsspiel „Wörterjagd"

▸LHB **Ihr erklärt eurem Team Wörter. Ihr braucht zwei Spielfiguren, eine Uhr, einen Würfel, einen Stift und Papier. Und so geht's:**

- Macht Teams mit zwei bis drei Mitspielern. Immer zwei Teams spielen gegeneinander.
- Beide Teams wählen gemeinsam aus der Wortliste im Arbeitsbuch 30 Substantive und 10 Verben aus. Schreibt jedes Wort auf ein Kärtchen. Diese Wörter müsst ihr im Spiel erklären. Tauscht dann eure Kärtchen mit einem anderen Team-Paar aus der Klasse.
- Das erste Team würfelt und zieht seine Spielfigur. Das Symbol zeigt euch, wie ihr die Wörter erklären müsst:

Erklärt eurem Team das Wort auf der Karte, ohne die Hände zu benutzen.

Spielt das Wort auf der Karte pantomimisch vor. Ihr dürft nicht sprechen.

Malt das Wort. Ihr dürft nicht sprechen.

- Ein Schüler aus dem ersten Team zieht eine Karte und hat maximal eine Minute Zeit, das Wort zu erklären, zu spielen oder zu zeichnen. Das eigene Team rät. Das andere Team kontrolliert.
- Wenn das eigene Team das Wort richtig geraten hat, darf es die Karte behalten. Wenn nicht, kommt die Karte zurück in den Stapel. Jetzt ist das andere Team dran.
- Wenn ein Team im Ziel angekommen ist, endet das Spiel. Dieses Team bekommt drei Extrapunkte. Zählt dann eure Karten. Jede Karte ist ein Punkt. Das Team mit den meisten Punkten hat gewonnen!

2 Eine Reise durch D-A-CH

der Dom

das Schloss Schönbrunn

die Seebühne

die Nordsee

die Fontäne im See

der Fernsehturm und die Weltzeituhr

die Alpen

die Burg Rheinstein

das Schloss Neuschwanstein

die kleinste Hauptstadt

der Brockengipfel

der Kreidefelsen

das Wattenmeer

der Neusiedler See

das Goldene Dachl

die Altstadt

die Burg Kreuzenstein

a **Seht euch die Fotos links an. Welche gehören zu Deutschland, welche zur Schweiz und welche zu Österreich? Was könnt ihr über die Fotos erzählen?**

Deutschland	Österreich	Schweiz
4 die Nordsee		5

b **Arbeitet zu dritt oder zu viert und plant eine Reise durch D–A–CH. Die Reise soll zehn Tage dauern. Erstellt einen Reiseplan als Poster mit einer kurzen Info zu jedem Reiseziel. Beantwortet dabei auch die Fragen.**

- Welches Thema hat eure Reise? (Sport, Städte, Natur …)
- Was sind eure Reiseziele?
- Was wollt ihr dort unbedingt sehen und machen?

c **Stellt euren Reiseplan in der Klasse vor und zeigt die Route auf einer D–A–CH-Karte. Begründet eure Reiseziele.**

d **An welcher anderen Reise aus 2c möchtet ihr gern teilnehmen? Macht Teilnehmerlisten und tragt euch ein. Welche Gruppe hat die meisten Teilnehmer?**

Sportreise durch D–A–CH
Teilnehmerliste
Name
1.
2.

3 Eine Reise durch *Logisch!*

a Erinnert ihr euch? Was ist da passiert? Beschreibt in der Klasse.

A

C

B

D

E

F

b Arbeitet in Gruppen. Wählt eine Situation aus 3a und schreibt Dialoge dazu. Spielt die Dialoge in der Klasse vor.

> E *Der gemeinsame Ausflug*
> Kolja: *Endlich ist alles fertig, die Zelte stehen!*
> Nadja: *Ja, endlich. Es ist echt schön hier. Robbie ist bestimmt neidisch, weil …*

4 Die Freunde in zehn Jahren

Wählt eine Person aus der Clique und überlegt, was sie in zehn Jahren macht, welchen Beruf sie hat, ob sie verheiratet ist, mit wem sie befreundet ist …
Macht ein Poster und präsentiert eure Ideen in der Klasse.

PAUL
- *Beruf: Mathelehrer an einem Gymnasium*
- *Wohnort: lebt in Frankfurt*
- *ist nicht verheiratet, weil er Pia nicht vergessen kann*
- *…*

5 Fortschritte

2.63

a Hört den Dialog aus Logisch! A1. Schreibt den Dialog länger.

Pia: Hallo?
Paul: Hallo Pia, Paul hier. Äh, willst du, äh, … Also, ich will ins Kino gehen. Kommst du mit?
Pia: Nee, Paul. Ich habe keine Zeit. Ich muss mit Plato spazieren gehen.
Paul: Schade. Tschüs, Pia.
Pia: Tschüs.

Pia: Pia Rehmler.
Paul: Hallo Pia, hier ist Paul. Ich wollte dich fragen, ob du vielleicht Lust hast, …

b Lest den Streckbrief aus Logisch! A1. Schreibt einen längeren Steckbrief über euch.

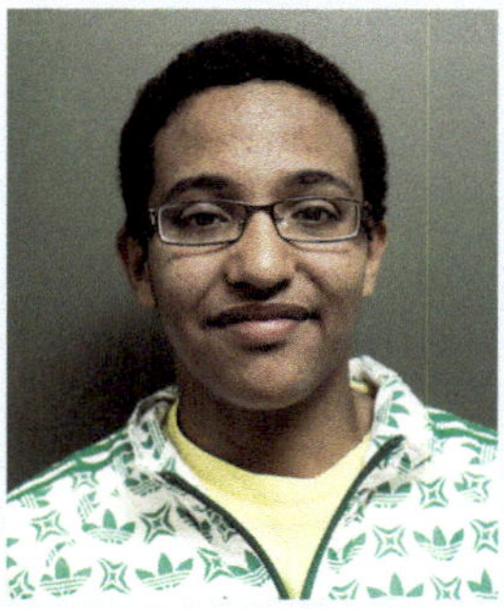

Lukas

Ich mache viel Sport: Ich spiele Tennis und ich fahre Fahrrad. Ich sammle Aufkleber von Sportlern. Am Wochenende besuche ich meine Freunde und wir gehen in die Disco.

Ich habe viele verschiedene Hobbys, aber mein größtes Hobby ist wahrscheinlich Musik. Ohne Musik kann ich nicht leben. Ich höre nicht nur gern Musik, sondern …

6 Eure Deutsch-Seite

Arbeitet zu zweit und macht ein Deutsch-Plakat.

Wörter, die wir nicht vergessen möchten:

Bücher, die wir gern auf Deutsch lesen würden:

Fehler, die wir nicht mehr machen wollen:

Grammatik, die uns schwergefallen ist:

Themen, die uns besonders interessiert haben: *wie die Leute in D-A-CH leben*

Geschichten von den Freunden, die uns besonders Spaß gemacht haben:

7 Deutsch-Stationen

▸LHB **a** Arbeitet zu dritt und wählt eine Station aus. Jede Gruppe wählt eine andere Station.

b Bereitet für die nächste Deutschstunde eure Station vor. Recherchiert im Internet, in Büchern oder fragt andere.

Deutschsprachige Musik

Sucht 2–3 deutsche Lieder mit Texten im Internet. Sammelt auch Informationen zur Band / zum Sänger / zur Sängerin.

JASPER

Lieder:
Der HDL-Song
Der Sonne entgegen
Neidlos
In meinen Armen

Heut' muss ich dir mal was sagen, …

Fakten aus D–A–CH

Wählt eines der Themen und gestaltet ein Infoplakat.

- berühmte Museen
- bekannte Unternehmen
- Universitätsstädte
- Schlösser
- Hauptstädte

Berühmte Museen

Deutsches Museum München
größtes Museum für Naturwissenschaften

Pergamonmuseum Berlin

Mozarthaus Salzburg

Essen in D–A–CH

Welche Speisen aus D–A–CH würdet ihr gern probieren? Sucht Rezepte und probiert sie aus.

Knödel • Käsespätzle • Rösti • Labskaus

Salzburger Nockerl

7 Eiweiß
2 Eigelb
100 g Zucker
1 EL Vanillezucker
15 g Stärkemehl
30 g Butter
Zitronenschale
Butter zum Bestreichen
Puderzucker zum Bestreuen

Filme aus und in D–A–CH

Kennt ihr Filme aus D–A–CH oder Filme, die in D–A–CH spielen? Macht eine Collage mit Fotos und Titeln.

Die Bourne Identität

Sound of Music

Der dritte Mann

Krabat

Crazy

c Gestaltet eure Station. Ihr könnt zum Beispiel ein schönes Poster machen oder einen Tisch dekorieren.

d Macht einen Klassenspaziergang. Einer aus jeder Gruppe bleibt an der eigenen Station und beantwortet Fragen. Viel Spaß!

Deutsch in Texten

Sammelt deutsche Gedichte, Witze, kurze Texte. Ihr könnt euch auch ein Thema aussuchen, z. B. Freundschaft oder Reisen.

Die Ameisen
In Hamburg lebten zwei Ameisen,
Die wollten nach Australien reisen.
Bei Altona auf der Chaussee
Da taten ihnen die Beine weh,
Und da verzichteten sie weise
Denn auf den letzten Teil der Reise.
(So will man oft und kann doch nicht
Und leistet dann recht gern Verzicht.)

Joachim Ringelnatz

Deutsche Wörter

Sammelt 20 deutsche Wörter, die ihr lernen wolltet, aber nicht gelernt habt. Schreibt eine Erklärung dazu oder malt ein Bild.

das Dirndl

verliebt = Man findet jemand anderen toll und möchte die ganze Zeit mit ihm/ihr verbringen.

checken = etwas verstehen

Stars aus D–A–CH

Wählt drei deutschsprachige Stars und gestaltet ein Fanposter über sie.

Daniel Brühl

geboren am 16. Juni 1978 in Barcelona
lebt in Spanien und Deutschland

Er ist ein berühmter Schauspieler, zum Beispiel spielt er in „Good Bye Lenin!" und „Inglourious Basterds".

Uns gefällt besonders, dass er gut spielt und gut aussieht ☺!

Events in D–A–CH

Welche Events in D–A–CH würdet ihr gern besuchen? Recherchiert alle wichtigen Informationen (Zeit, Ort, Kosten, Thema).

Rennen am Nürburgring
Oktoberfest
Weihnachtsmarkt
Karneval
Sechseläuten
Rock am Ring
…

Hahnenkammrennen
Skirennen in Kitzbühel (Österreich)
Termin: immer im Januar
Eintrittskarte: zwischen 18,– und 25,– €
…

Grammatikübersicht

Passiv Präsens und Präteritum

	Präsens		Präteritum	
	kontrollieren		abholen	
ich	**werde**	kontrolliert	**wurde**	abgeholt
du	**wirst**	kontrolliert	**wurdest**	abgeholt
er/es/sie	**wird**	kontrolliert	**wurde**	abgeholt
wir	**werden**	kontrolliert	**wurden**	abgeholt
ihr	**werdet**	kontrolliert	**wurdet**	abgeholt
sie/Sie	**werden**	kontrolliert	**wurden**	abgeholt

			Satzende
Die Passagiere	werden	am Flughafen	kontrolliert.
→ Man	kontrolliert	die Passagiere am Flughafen.	
Pia und Nadja	wurden	vom Flughafen	ab|geholt.
→ Man	holte	Pia und Nadja vom Flughafen	ab.
	Wurdet	ihr mit dem Bus ins Hotel	gebracht?
→	Brachte	man euch mit dem Bus ins Hotel?	

Eingeschobene Relativsätze

Die Familie kommt aus den USA.	Die Familie sieht man auf den Fotos.	
Die Familie,	**die** man auf den Fotos sieht,	kommt aus den USA.
Hast du die CD schon gehört?	Ich habe dir die CD in den USA gekauft.	
Hast du die CD,	**die** ich dir in den USA gekauft habe,	schon gehört?
Die Party war langweilig.	Ich habe mich so auf die Party gefreut.	
Die Party,	**auf die** ich mich so gefreut habe,	war langweilig.
In Städte reise ich nicht.	In den Städten gibt es keinen Strand.	
In Städte,	**wo** / **in denen** es keinen Strand gibt,	reise ich nicht.

Infinitiv als Aufforderung

	lächeln		winken		weitergehen	
du	Lächle!	Lächeln!	Winke!	Winken, bitte!	Geh weiter!	Bitte weitergehen!
ihr	Lächelt!		Winkt!		Geht weiter!	
Sie	Lächeln Sie!		Winken Sie!		Gehen Sie weiter!	

Nebensätze – Übersicht

Zeit	bevor	**Bevor** ich in die Schule gekommen bin, war ich im Kindergarten.
	als	**Als** ich in die Schule gekommen bin, habe ich eine Schultüte bekommen.
	bis	Ich war in der Grundschule, **bis** ich zehn Jahre alt war.
	nachdem	**Nachdem** ich auf das Gymnasium gekommen war, hatte ich viele Probleme in der Schule.
	während	**Während** ich im Unterricht saß, musste ich viel mitschreiben.
	seit	**Seit** ich neue Freunde gefunden habe, habe ich weniger Probleme.
	wenn	**Wenn** ich jetzt morgens aufstehe, habe ich keine Angst mehr vor der Schule.
Bedingung	wenn	**Wenn** Alva traurig ist, hört sie ganz laut Musik.
Grund	weil	Alva spielt selbst in einer Band, **weil** sie Musik liebt.
Ziel	damit	**Damit** die Band bekannt wird, hat sie eine Internetseite gestaltet.
	um … zu	Sie hat sich sehr bemüht, **um** die Seite ins Internet **zu** stellen.
Gegensatz	obwohl	Torsten liest keine Bücher, **obwohl** Lesen sein großes Hobby ist.
Folge	sodass	Er arbeitet jeden Nachmittag, **sodass** er keine Zeit zum Lesen hat.
	so … dass	Bald hat er **so** viel Geld gespart, **dass** er ein Motorrad kaufen kann.
	dass	Er weiß, **dass** er dann wieder mehr Zeit zum Lesen hat.

Stellung von Pronomen

2 Nomen	Dativ vor Akkusativ	Paul leiht seinem Vater ein Buch.
1 Pronomen	Pronomen vor Nomen	Paul leiht es seinem Vater. Paul leiht ihm ein Buch.
2 Pronomen	Akkusativ vor Dativ	Paul leiht es ihm.

da(r) + Präposition

sich informieren über	● Ich möchte nach Afrika. Gibt es dort seltene Krankheiten? ○ Keine Ahnung. Informiere dich **darüber**!
achten auf	● Hast du einen Schal um? ○ Mama, mach dir keine Sorgen. **Darauf** achte ich doch immer!
ausgeben für	● Kaufst du oft Süßigkeiten? ○ Nein, **dafür** gebe ich kein Geld aus.

Ebenso: ohne *r*: dagegen, danach, davon, davor, dazu, dabei, dadurch, damit
mit *r*: daran, daraus, darin, darum, darunter

Präpositionen mit Genitiv

während	Schalten Sie bitte **während des** Flugs Ihr Handy aus.

D–A–CH-Erfindungen

1 Berühmte Erfindungen

a Wann wurde das erfunden? Ordnet die Erfindungen in die Tabelle.

1. das Gummibärchen

2. das Mensch-ärgere-Dich-nicht-Spiel

3. das MP3-Format

4. die Currywurst

5. das Fernsehen

6. der Klettverschluss

7. der Teebeutel

8. der Würfelzucker

9. die Zahnpasta

10. die Milchschokolade

von 1840 bis 1900	von 1901 bis 1930	von 1931 bis 1960	nach 1960
	1, ...		

b Lest die Beschreibungen. Welcher Text passt zu welcher Erfindung?

A
Herta Heuwer 1949
In ihrem Imbiss in Berlin erfand sie das beliebteste Essen der Deutschen. Über 800 Millionen Stück werden pro Jahr gegessen.

B
Joseph Schmidt 1905
Über 70 Millionen Mal wurde dieses Spiel verkauft und unterhält Kinder und Erwachsene.

C
Ottomar von Mayenburg 1907
Frisch und hygienisch im Mund – ein Apotheker in Dresden erfand das Mittel dafür.

D
Hans Riegel 1922
Geboren wurde diese Süßigkeit in Bonn. Heute macht sie Kinder auf der ganzen Welt froh.

E
Daniel Peter und Henri Nestlé 1875
Sie wird aus Kakaobohnen gemacht und macht die Schweiz weltberühmt.

F
Fraunhofer Institut 1987
Eigentlich wollte man das Telefonieren verbessern. Tatsächlich wurde die Musikwelt revolutioniert.

G
Georges de Mestral 1951
Schuhe, Jacken und Taschen schnell schließen und öffnen – seit dieser Schweizer Erfindung kein Problem mehr.

H
Adolf Rambold 1929
220 Milliarden Stück werden heute pro Jahr weltweit verkauft und sind sehr praktisch für ein heißes Getränk.

I
Manfred von Ardenne 1930
An Weihnachten 1930 gelingt die erste elektronische Übertragung von Bildern.

J
Jacob Christoph Rad 1843
Diese Erfindung macht Tee und Kaffee mit kleinen Portionen süß.

c Hört die fünf Szenen. Um welche Erfindung geht es?

2.64–68

2 Erfindungen im Alltag

a Welche Erfindungen aus 1a und dem Kasten benutzt ihr jeden Tag? Wählt vier aus und beschreibt sie einem Partner / einer Partnerin. Sagt den Namen nicht. Der Partner rät.

die Glühbirne • der Kühlschrank • das Auto • der Computer • der Scanner • das Telefon • der Kaugummi • der Lichtschalter • der Tischfußball • das Radio • die Sonnenbrille • das Thermometer • der Bleistift • die Spülmaschine • das Klebeband • die Dose • das Fahrrad • die Briefmarke

Diese Erfindung ist meistens außen weiß und innen kalt.

Kühlschrank!

Damit mache ich das Licht an.

Hmm, keine Ahnung …

b Informiert euch zu zweit über eine wichtige Erfindung aus eurem Land. Präsentiert sie in der Klasse.

Eine wichtige Erfindung ist … • … hat sie im Jahr … erfunden. • Er/Sie wollte … • Heute ist diese Erfindung …

3 Jugendliche Erfinder

a Lest den Artikel. Warum haben die Jugendlichen das erfunden? Ordnet zu.

Highlights von der iENA in Nürnberg

Bereits seit Jahren fördert die iENA das Engagement junger Menschen. Sie bietet Jugendlichen eine Plattform für Ideen und Erfindungen. Wir haben hier einige Highlights aus diesem Jahr zusammengestellt:

Farbwechsel-kleidung

Carrerabahn mit Onboard-kameras

Koffer mit Sitz

1. Um Rennen auch im Internet spielen zu können.
2. Um ein Star auf jeder Party zu sein.
3. Um langes Stehen am Bahnhof oder Flughafen zu vermeiden.

b Was nervt euch schon lange? Macht eine Liste und überlegt, was man erfinden könnte.

– schweren Rucksack tragen
– viele Bücher lesen

Quellenverzeichnis

U2 © Polyglott Verlag GmbH, München
S. 8 1 (Franz Pfluegl), 3 Fotolia.com; 2 shutterstock.com; 4 JoanneGreen – iStockphoto
S. 9 Fotolia.com
S. 12 Klaus Eppele – Fotolia.com
S. 17 A, D Fotolia.com; B (Robert Berry), C shutterstock.com
S. 18 Familie: Andres Rodriguez – Fotolia.com; Churros: shutterstock.com
S. 24 1 dpa; 2 Pear Tree; 3, 5 Paul Rusch; 4 Cordula Schurig
S. 26 1 (Benjamin Thorn), 2 (R.R. Hundt) Fotolia.com; Karte: © Polyglott Verlag GmbH, München; Linus: Helen Schmitz; Frank: Dieter Mayr
S. 33 Amin Akhtar – laif
S. 35 Leo: Sascha Burkard – shutterstock.com; Charly: Artur Gabrysiak – Fotolia.com
S. 38 TV-Spot (Pavel Losevsky), Radio: Fotolia.com; Print: Volkswagen AG
S. 42 Letterbox: Jochen Kastner; Wattenmeer: H. Henkel – Pixelio.de
S. 43 Rügen (Rico K.), Brocken: shutterstock.com; Brockenhexe: Henry Czanderna – Fotolia.com
S. 44/45 Dieter Mayr
S. 47 Annerose Bergmann
S. 48 Verlag Kiepenheuer & Witsch
S. 48/49 Text aus: „Crazy" von Benjamin Lebert © 1999, 2001, 2011 by Verlag Kiepenheuer & Witsch GmbH & Co. KG, Köln
S. 52 Dieter Mayr
S. 53 Annalisa Scarpa-Diewald
S. 54 Karte: © Polyglott Verlag GmbH, München; Birkhuhn: Ziga Camernik – shutterstock.com; Wolf (Dieter Schütz), Fischotter: Pixelio.de
S. 55 Elena Rostunova – shutterstock.com
S. 58 Text HDL-Song: Eject Music Publishing
S. 60 Cinetext
S. 61 Poster und Foto: Cinetext; CD-Cover: Vertigo Berlin (Universal)
S. 64/65 Bildarchiv Hamburg
S. 70 Schule: Mauritius; Viktor (Andrey Shadrin), Grace (Beth Van Trees), Büsra: shutterstock.com
S. 72 Feuerspucker: Oliver Weber – Pixelio.de; restliche Fotos: Sarah Fleer
S. 73 www.ritterfest.de
S. 74 A, C (Ralf Herschbach) shutterstock.com; B (Dominik Butzmann), D (Thegerstrom-Invision) laif
S. 78 oben: shutterstock.com; unten: bpk, Bildagentur für Kunst, Kultur und Geschichte
S. 79 Liane M. – Fotolia.com
S. 80 1 (Mny-Jhee), 2 (Nikolai Pozdeev), 3 (Olena Pivnenko), 4, 5 (Jiri Hera), 6 (Ulkastudio), A, B/D/E (Eric Isselée), F shutterstock.com; C Mike Price – Fotolia.com
S. 82 Karim, Estella, Anne (John Blanton) shutterstock.com
S. 84 Schilder: Joachim Müllerchen – Wikimedia creative commons; Moritz (McPhail), Larissa (ArtFotoStudio), Julia (Vadym Drobot), Konstantin (Benis Arapovic) shutterstock.com
S. 85 Anna Wanner
S. 86 A Nika Art – shutterstock.com; B Linda Steward – iStockphoto; C LKG-Archiv
S. 88 1, 4 (Chris Alcock) shutterstock.com; 3 WWF Deutschland
S. 90 shutterstock.com
S. 92 Dieter Mayr
S. 94 Karte: © Polyglott Verlag GmbH, München
S. 96 A Andrejs Pidjass – Fotolia.com; B Mauritius; C Colleen Butler – iStockphoto; D Santiago Engelhardt – Greenpeace
S. 97 Schulz-Design – Fotolia.com
S. 98 Fotolia.com
S. 100 Sandra Sturmfels
S. 102 Postschiffer: dpa/picture alliance; Spielzeuggestalter: Bettina Lindenberg; Zahnarzt: Dmytro Panchenko – Fotolia.com
S. 108 Konstantin Sutyagin – Fotolia.com
S. 109 1 (Claudio's Pics), 2 IVH online, 3 (Yulia Podlesnova) Fotolia.com
S. 110 Fans: Getty; Uwe (Catherine Lane), Konzert: iStockphoto
S. 114 Flaggen/Karten: Fotolia.com; Euros: Albert Ringer; Bern/Wien/Franken: shutterstock.com; Berlin: Pixelio.de
S. 115 Mannerschnitten: Manner AG; Prater (Pavol Kmeto), Skifahren (Patrik Mezirka) shutterstock.com; Jugendlicher: Christian Schwier – Fotolia.com; Kaffeehaus: Rainer Sturm – Pixelio.de
S. 116 von links nach rechts: Paul Rusch; Khoroshunova – Fotolia.com; Monkey Business – Fotolia.com; Fotolia.com
S. 117 1, 2, 3, 4 (Oleksiy Mark) shutterstock.com; Paris, Fische: Fotolia.com
S. 118 A, C (Beggert) Pixelio.de; B (Natalja Jatsuk), D (Wolfgang Zintl) shutterstock.com
S. 119 A, B (Fedor Sidorov), C, D (Hildebrand Lau), E Fotolia.com; F Albert Ringer
S. 122 Dieter Mayr
S. 124 A (Thomas Aumann), B (Kirill Zdorov), C, D, F Fotolia.com; E Gabi Schoenemann – Pixelio.de
S. 126 A (Stefan Redel), C (Spectral Design) Fotolia.com; B shutterstock.com
S. 130 marle@klickit – Fotolia.com
S. 132 1, 2 (Pavel Losevsky), 3, 4 (Olga Gromova) Fotolia.com
S. 133 Musikmedien Statista GmbH
S. 137 1 (Evocation Images), 2, 3, 4, D, E shutterstock.com; A, H Paul Rusch; G Ralph McQuarrie
S. 142 1 Gerd Schmitz; 2, 5 (Sophie Berclaz), 8 (Liane M.), 16 (Sebastian Piekarczyk), 17 Fotolia.com; 3, 6 (Beggert), 13 (H. Henkel) Pixelio.de; 4 Sarah Fleer; 7, 9, 10, 11, 12 (Rico K.), 14 (Kurt Tutschek) shutterstock.com; 15 Paul Rusch
S. 144 Sarah Fleer
S. 145 Dieter Mayr; Cover Crazy: Verlag Kiepenheuer & Witsch
S. 146 Pixelio.de
S. 150 1, 3, 5 (Li Chaoshu), 6 (Joris van den Heuvel), 7, 8, 9, 10 shutterstock.com; 2 Sibylle Freitag; 4 Michael Röhrich – Fotolia.com
S. 151 AFAG Messen und Ausstellungen GmbH